AF469545

DE LA PREUVE

DE LA

PROPRIÉTÉ MOBILIÈRE

THÈSE POUR LE DOCTORAT

SOUTENUE LE MARDI 22 MAI 1900, A 1 HEURE

Par M. BOUILLARD

Président..... M. SALEILLES, professeur.
Suffragants... M. SOUCHON, agrégé.
M. COLIN, agrégé.

PARIS
A. PEDONE, ÉDITEUR
LIBRAIRE DE LA COUR D'APPEL ET DE L'ORDRE DES AVOCATS
13, RUE SOUFFLOT, 13

1900

CVY

DE LA PREUVE

DE LA

PROPRIÉTÉ MOBILIÈRE

DE LA PREUVE

DE LA

PROPRIÉTÉ MOBILIÈRE

Par M. BOUILLARD

Docteur en Droit

PARIS

A. PEDONE, ÉDITEUR

LIBRAIRE DE LA COUR D'APPEL ET DE L'ORDRE DES AVOCATS

13, RUE SOUFFLOT, 13

1900

INTRODUCTION

Le sujet que nous nous sommes proposé de traiter
n'a pas, nous en convenons, le mérite de la nouveauté;
mais de combien d'autres n'en pourrait-on pas dire
autant! Les sentiers que nous allons parcourir ont été
déjà battus par d'illustres devanciers; les fleurs de
leur science profonde qu'ils y ont répandues à l'envi
ont transformé cet aride terrain en un luxuriant jardin
où rien ne reste à défricher.

Cependant, nous laisserons de côté les questions de
théorie pure, où les brillantes dissertations d'Ecole
s'épuisent en controverses et s'étendent à l'infini, où
l'esprit juridique s'affine et se perfectionne évidemment beaucoup, mais, souvent hélas, au détriment des
idées pratiques dont elles font une trop complète abstraction. Nous nous appliquerons, à tort peut-être,
mais par une conséquence de la tournure d'esprit,
quelquefois un peu terre à terre, qui domine dans la
pratique des affaires, à ne voir dans notre sujet que
le côté vivant et matériel.

Toute la partie doctrinale a été trop bien exposée, elle forme un monument d'une ordonnance trop parfaite, pour que notre main malhabile tente d'y ajouter une pierre. Nous nous contenterons donc de l'exposer. Les divergences d'opinions que nous ne ferons que signaler au passage dans chaque cas qui nous occupera, ont fait l'objet de discussions où la voix de nos plus illustres maîtres s'est fait entendre et nous n'oserons qu'à de rares occasions et bien timidement élever un avis après des opinions si autorisées.

Il est nécessaire, pour l'intelligence d'un sujet tel que le nôtre, de suivre les différentes phases de son éclosion dans les siècles passés; notre étude sera donc précédée d'un historique que nous nous sommes efforcé de restreindre le plus possible.

Nous aborderons alors notre sujet dans le droit contemporain, et nos recherches se borneront à l'examen des cas particuliers dont l'intérêt pratique nous a paru justifier l'étude. Nous nous efforcerons alors, dans chacun d'eux, d'indiquer la marche des idées, l'évolution de la jurisprudence, les principes et les théories qui ont présidé à ses décisions et les tendances que nous souhaiterions de voir suivre par nos tribunaux.

C'est ainsi qu'après avoir examiné le sens, la force, l'étendue de la maxime de l'article 2279 « En fait de meubles possession vaut titre », qui est le pivot de tout notre sujet, nous en chercherons l'application dans la vente mobilière d'abord et dans un autre contrat défini d'une façon moins précise mais d'un intérêt qui nous semble plus important encore, le don manuel ; ces deux contrats représentent le juste titre que le possesseur est obligé, par la jurisprudence, d'invoquer pour donner plus de force à sa possession et pour en écarter le caractère équivoque qu'elle semble souvent revêtir.

Nous espérons faire ainsi, non pas œuvre nouvelle, peu sont doués, surtout en matière juridique, du génie créateur, mais un essai d'un intérêt pratique, et c'est là le but que nous tentons d'atteindre.

DE LA PREUVE

DE LA

PROPRIÉTÉ MOBILIÈRE

HISTORIQUE

PREMIÈRE PARTIE

DROIT ROMAIN.

La Société romaine a été, au début de son existence, essentiellement aristocratique ; aussi la propriété immobilière a-t-elle été, chez elle, l'objet de la sollicitude du législateur, car elle constitue, dans toute société de ce genre, le signe de la puissance civile et politique. Cependant la propriété mobilière a été, elle aussi, réglementée ; elle était, aux origines de Rome, concentrée, comme la propriété immobilière, du reste, sur la tête du *pater-familias* qui en avait la libre disposition pendant sa vie et qui pouvait la transmettre à sa mort soit à ses descendants, soit même à des étrangers qu'il avait institués héritiers.

Nous ne nous appesantirons point ici sur les distinctions entre la propriété quiritaire, la seule véritable propriété légale qui supposait au propriétaire la qualité de citoyen romain ou tout au moins le *commercium*, la propriété bonitaire, sorte de moyen transitoire inventé par les préteurs pour conduire par l'usucapion jusqu'à la propriété quiritaire ; et enfin la propriété du droit des gens qui permettait aux étrangers d'acquérir.

La possession, elle aussi, a fait l'objet de la sollicitude du législateur romain ; il l'a divisée en possession civile *ad interdicta* qui comprend les deux éléments essentiels de la possession : le *corpus*, fait matériel et *l'animus*, volonté de considérer la chose comme sienne ; il donne à cette possession la vertu de faire présumer la propriété au profit de celui qui en jouit et il la défend par l'interdit *uti possidetis*. Nous voyons donc là un système plus complet que le nôtre puisqu'il admet en matière mobilière un procès au possessoire, puisqu'il tend à maintenir cette possession au profit de celui qui possédait, à l'y réintégrer s'il l'a perdue et a laisser, en conséquence, à la charge de celui qui prétend être propriétaire, le fardeau d'une preuve souvent difficile à administrer.

Le législateur distingue encore la possession civile *ad usucapionem* qui suppose en plus des deux éléments essentiels que nous venons d'indiquer, la bonne foi et le juste titre. Enfin la possession *naturalis* qui consiste en la simple détention d'une chose.

La preuve de la propriété ou de la possession fut,

dans toute la procédure romaine, essentiellement testimoniale, c'est le Judex qui a été chargé d'entendre les témoins et nous sommes sur ce point de l'avis des commentateurs du passage du livre 4 § 15 de Gaïus, qui veulent y voir la preuve que dès l'origine le procès était renvoyé devant un juge privé chargé de l'instruire, juge dont on réclamait la présence aussi bien dans la procédure des actes de la loi que dans la procédure formulaire.

Si nous avons repassé en quelques lignes les distinctions apportées par le droit romain entre la propriété et la possession, et qu'il ne rentrerait pas dans notre cadre d'étudier plus à fond, c'est pour mieux en montrer le contraste avec le droit des origines françaises.

Nous terminerons notre historique romain, par l'examen rapide des règles qui ont régi les créances et leur transmissibilité.

En droit romain, et tout au moins dans la période classique, les créances sont, en principe, intransmissibles. Le droit de créance ne prend effet qu'en la personne du créancier et lui est essentiellement attaché; l'obligation est un rapport de droit entre deux personnes déterminées et ce serait en détruire l'essence même que de permettre à l'une des parties de changer arbitrairement ce rapport. Le créancier ne peut être forcé d'accepter un autre débiteur, ni le débiteur de subir un autre créancier.

Cependant il fallait bien, pour la prospérité d'un commerce tel que celui de Rome, pour faciliter la multiplicité des transactions, tenter de supprimer ou tout au moins d'atténuer cette rigueur excessive, et c'est ainsi que, comme dans toutes les parties du droit romain, du reste, nous voyons le droit prétorien qui, à côté du vieux principe quiritaire, se fait le champion des idées et des nécessités nouvelles, multiplie ses efforts pour, tout en restant dans la stricte légalité, trouver et perfectionner les moyens indirects pour donner libre cours aux besoins incessants de la pratique.

Le créancier n'utilisera souvent son obligation qu'en l'échangeant contre d'autres valeurs, le débiteur sera souvent intéressé à ce que pareille opération s'accomplisse, et si les deux parties sont d'accord rien ne s'opposera à son exécution ; mais alors ce n'est pas là une cession, mais bien la création d'une obligation nouvelle qui remplace l'ancienne, c'est la *novation*. Et ce fut, en effet, à la novation qu'on eut d'abord recours, sous forme de la *délégation :* promesse faite par le débiteur sur l'ordre de son créancier de payer au cessionnaire le montant de la dette sous la condition d'être libéré par le créancier primitif. *Deligare est vice sua alium reum dare creditori vel cui posserit* (DLII *de Novationibus*). Nous n'insisterons pas sur les inconvénients de ce procédé qui nécessite le consentement du débiteur, qui crée un nouveau rapport de droit et qui ne pouvait être employé qu'entre les citoyens romains, la stipulation étant la seule manière d'opérer la délégation.

La pratique va donc s'ingénier à trouver un moyen de céder une obligation ou tout au moins sa valeur sans le concours du débiteur, et nous arrivons à la *procuratio in rem suam.*

Ce moyen correspond à l'avènement du nouveau système de procédure qui permettait la représentation en justice, jusqu'alors impossible ; le procurator est investi du pouvoir d'ester en justice pour son mandant, c'est-à-dire son cédant, et dispensé par celui-ci de rendre compte ; il profite donc seul de l'exécution du mandat : *si in rem suam datus sit procurator, loco domini habitur* (Paul Fr. 13) et la formule Rutilienne fournit l'ingénieux moyen de réaliser ce but : le nom du mandant est dans l'*intentio*, mais la *condemnatio* porte le nom seul du procurator ; c'était là encore un grave inconvénient puisque le créancier dont le nom subsistait dans l'*intentio* et qui conservait ses droits pouvait, par une entente quelconque avec le débiteur, frustrer le cessionnaire de ses droits ; enfin, la mort de l'une des parties avant la *litis contestatio* éteignait le mandat.

Tout en conservant le moyen de la *procuratio in rem suam*, on remédiera à cet inconvénient par la *denuntiatio* dont le but était de hâter ou plutôt de devancer l'effet de la *litis contestatio*. Cette *denuntia-*

tio consiste, jusqu'à Constantin, en un acte privé, sorte d'exploit d'ajournement qui accompagnait l'*in jus vocatio*. Constantin lui enleva son caractère privé en exigeant qu'elle fût délivrée par un officier public, enfin, plus tard, elle fait place à une simple requête adressée au magistrat : le *libellus conventionis*.

Un autre moyen plus ingénieux encore du préteur consiste dans les *actions utiles* qui produisent le même effet que les actions directes dont elles ne diffèrent que par la formule ; cette formule souffrait deux rédactions : ou bien l'*intentio* était conçue *in factum*, et la *condemnatio* produisait les mêmes effets que l'action directe, ou bien elle reposait sur une fiction et l'*intentio* était *in jus* construite sur l'hypothèse fictive de l'action à imiter et à étendre. Ce système protégea le cessionnaire contre la mort du cédant : le préteur lui accordera, dans ce cas, une action *utile* ou *fictice* conçue *in jus*. Ce procédé sera même étendu plus tard au cas où aucun mandat n'a encore eu lieu, mais où il est équitable de le supposer, par exemple, au profit de l'acheteur d'une hérédité.

Mais de tout cela, résulte-t-il qu'on y doive voir une cession de créance parfaite et analogue à la nôtre? Non, car le cessionnaire, qu'il le soit véritablement et qu'il agisse par une action directe, ou qu'il soit présumé l'être, et qu'il agisse par une action utile, est toujours le mandataire du créancier principal, et il n'agit pas en vertu d'un droit propre dans l'acception étroite de ce mot ; les vieux principes sont, malgré tout, respectés ; les quelques notions que nous venons de retracer des règles de transmissibilité des créances en droit romain, nous ont montré que la législation romaine n'a jamais eu l'idée des créances au porteur dont la transmission ne nécessite aucune formalité.

Et, cependant, le sens profondément développé des affaires dont les Romains ont toujours fait preuve, l'idée des grandes entreprises financières et, faut-il le dire, l'esprit de lucre qui les a possédés et dont il ne faut rechercher la raison que dans leur luxe toujours grandissant, leur a fait trouver cette société d'un genre nouveau et qui peut être considéré comme le modèle de notre société anonyme moderne, nous voulons parler de la société vestigalienne.

La ferme de l'impôt confiée à un particulier par l'Etat qui en tirait ainsi les plus grands profits sans en avoir les difficultés et les charges, était mise aux enchères et adjugée publiquement par les magistrats au *manceps* qui était responsable de toutes les charges imposées par l'adjudication. Ce prix d'adjudication, ces charges imposées, le personnel qu'il fallait entretenir par toute la République et dans les provinces étaient trop considérables pour que la fortune d'un seul puisse suffire à garantir la bonne exécution d'une aussi vaste entreprise ; il fallait donc que ce manceps eût recours à des commanditaires. Et ces commanditaires, devenus légion, formaient alors une vaste société dans laquelle nous retrouvons les principaux traits de notre société en commandite. En effet, parmi les associés, les uns se sont constitués *prœdes* ou garants des engagements pris par le mancep. Leurs biens sont affectés à garantir la bonne exécution de ces engagements. Ils constituent donc les associés en nom collectif comme nous les appellerions maintenant, tenus *ad infinitum* des affaires de la société ; à côté d'eux, d'autres citoyens ont apporté simplement leur part sans s'immiscer directement dans les affaires de la société, mais pour recevoir simplement leur part de bénéfice. A l'instar de nos simples commanditaires, ils ne sont tenus que jusqu'à concurrence de cette part. L'analogie va plus loin encore ; des assemblées générales réunissent tous ces associés, nous allions dire actionnaires ; ils approuvent ou critiquent la gestion du magister, directeur placé par le manceps à la tête de la société ; ils vérifient et contrôlent les comptes qui leur sont soumis.

Il n'y avait de cette société, où des parts de bénéfices étaient en quelque sorte impersonnelles, qu'un pas à faire pour arriver à la notion moderne des titres nominatifs, et de là des titres au porteur. Cependant, les Romains ne l'ont pas fait ; la notion du titre ou de la créance, transmissibles de la main à la main ou par un simple endos, leur est restée étrangère. La raison en doit être cherchée, croyons-nous, dans ce fait que la fortune mobilière, malgré la richesse apparente de

Rome, surtout vers la fin de la République et sous l'Empire, n'était pas, toutes proportions gardées, aussi répandue qu'elle ne l'est devenue à notre époque ; les immenses territoires, dont les conquêtes avaient doté la nation, constituaient encore la plus grande partie de la fortune de la classe dirigeante et, partant, la nécessité d'un transfert rapide des créances mobilières ne s'était pas imposée comme chez nous.

DEUXIÈME PARTIE

CHAPITRE PREMIER. — **Ancien Droit français**.

Après avoir retracé rapidement les principes du Droit romain sur la question de la propriété mobilière, principes qui vont disparaître pendant plusieurs siècles pour se faire jour de nouveau avec notre Droit des temps modernes, nous nous étendrons plus longuement sur les phases qu'a traversées notre sujet sous les origines du Droit français.

Chez les Germains et chez les Francs, la notion de la propriété, quoique déjà bien précise, ne s'adresse qu'aux objets certains et non aux droits ; ces peuples primitifs ne comprennent pas les idées abstraites sur lesquelles la notion d'un droit s'appuie; la preuve de la propriété nécessite pour eux des marques tangibles et apparentes, signes personnels, marques de famille, et la propriété d'une chose ne sera réellement transférée que de l'instant où l'acheteur aura substitué sa marque à celle du vendeur. Les objets mobiliers susceptibles d'appropriation ne consistent guère, du reste, qu'en bestiaux pâturant dans les mêmes herbages et susceptibles d'une confusion que l'usage de

cette marque seul pourra éviter et que les proprié-
taires devront, aux assemblées d'été, faire connaître.

L'étude historique de la preuve de la propriété
n'étant possible que par l'étude des cas où elle a lieu
d'intervenir, elle est donc intimement liée à l'étude de
la revendication dont nous esquisserons à grands
traits les phases. Tout d'abord, il ne faut pas chercher
dans la législation des Germains et des Francs une
protection de la propriété établie d'une manière générale et absolue ; on trouve seulement l'énumération
d'un certain nombre de cas de dépossession et des
règles qui les régissent. Il nous faut d'abord constater,
et cela malgré l'opinion si savamment exposée de
Klimrath et de M. Ortlieb [1], l'absence totale du droit
de suite quant aux meubles ; les auteurs, frappés de
cette situation faite au propriétaire dépossédé, qui n'a
aucun droit pour poursuivre sa chose entre les mains
des tiers qui la possèdent, ont cherché des cas où elle
fut mise en échec ; mais les textes équivoques sur
lesquels ils s'appuient (Lois des Ripuaires et des Bur-
gondes), remaniés à l'époque de la renaissance romaine,
ne sont point assez décisifs pour qu'on puisse sérieu-
sement s'y arrêter.

C'est dans la loi salique, au contraire, que nous
trouverons la véritable tradition germaine ; c'est
le vol qu'elle envisage en premier lieu : si le proprié-

[1] *Possession des meubles.*

taire connaît l'auteur du délit, il intentera contre lui
l'action criminelle, action toute privée qui aboutira
en mèmps qu'à une composition, à la réparation du
préjudice éprouvé par le vol: s'il ignore l'auteur, il
dirigera sa procédure contre le possesseur de sa chose,
qui, en raison même de sa détention, est devenu
suspect, et c'est, encore une fois, du préjudice qui
a été causé qu'il demandera réparation. On ne peut
voir là une revendication mobilière; l'action ne tend
pas, en effet, à remettre le propriétaire en possession
de sa chose, mais à l'indemniser du préjudice éprouvé.
La preuve de la propriété aura lieu par la marque de
la chose, et, pour rechercher cette chose, tous les
moyens sont autorisés; le propriétaire réunit les
voisins, ils suivent les traces, toute perquisition domi-
ciliaire leur est possible, et celui qui s'y oppose est
déclaré coupable; mais, en revanche, si cette perquisition a été vaine, le poursuivant est condamné à
l'amende; plus tard, on recourut à l'enjeu, et le plai-
gnant devait déposer quatre deniers sur le seuil de la
maison avant de la franchir, deniers qu'il perdait si
la perquisition avait été sans résultat.

Le cas de flagrant délit est, dans les mœurs barbares,
considéré, au point de vue pénal, comme beaucoup
plus grave que par nos législations modernes; cela
tient à ce que l'idée de justice est moins élevée chez
les peuples primitifs et que le fait pris en lui-même
est seul l'objet de poursuites, tandis que nos législa-

tions cherchent surtout dans la peine un effet salutaire.

La loi Salique et la loi Ripuaire exigent, pour qu'il y ait flagrant délit, que l'objet étant trouvé entre les mains du tiers ou chez lui, trois jours ne se soient pas écoulés depuis le vol et que les traces aient conduit chez le possesseur. Le poursuivant a droit alors de saisir ce possesseur, de le lier et de le conduire au tribunal ; là, si l'arrestation a eu lieu aussitôt après le vol, le droit de se défendre est interdit à l'accusé ; mais ce droit lui est reconnu si, tout en étant encore dans le délai de trois jours, il s'est écoulé un certain temps depuis l'accomplissement du délit[1] ; alors il peut se présenter l'alternative suivante : ou le possesseur ne conteste pas les dires du demandeur et aucune preuve ne peut être mise à sa charge, ou le possesseur soutient avoir reçu l'objet volé par vente ou échange et le demandeur doit établir que l'objet lui a été volé et qu'il l'a trouvé dans le délai de trois jours entre les mains du défendeur ; cette preuve sera testimoniale : le titre XLI § 1, loi des Ripuaires, fixe à six le nombre des témoins et après leur prestation de serment et les dépositions conformes, le défendeur est convaincu du délit et ne peut rien contre son auteur. La loi salique diffère de la loi Ripuaire sur ce dernier point ; le demandeur devra jurer avec deux cojurateurs que la chose lui appartient (Loi salique, tit. XXXVII). Cette expli-

[1] Glaber, liv. III, cap. VI.

cation repose sur le sens donné au mot très obscur *agramire*. Après les théories nombreuses autant qu'ingénieuses auxquelles a donné lieu la traduction de ce mot, de trop savants auteurs ont été en contradiction sur son sens pour que nous nous permettions une appréciation, nous nous rangerons à l'opinion si remarquablement exposée de M. Jobbé-Duval qui le traduit par *affirmer sous serment, jurer*. et si l'on y ajoute les mots qui suivent dans le texte *agramire per tertiam manum*, on traduira : *jurer soi tiers*, c'est-à-dire jurer avec deux cojurateurs[1].

Si la découverte de l'objet n'a eu lieu qu'après le délai de trois jours le défendeur est admis à présenter sa défense. Le poursuivant devra d'abord reconnaître formellement l'objet pour être le sien. Après cette reconnaissance solennelle vient l'entiercement, espèce de saisie symbolique dans laquelle le défendeur met la main sur l'objet ou l'entoure d'un fil ou d'une branche d'osier. Le sens exact de ce mot a donné lieu à de nombreuses controverses ; les Allemands y veulent voir une remise de la chose par le tiers accusé à son auteur moyennant la restitution de son prix et expliquent ainsi que la chose soit *in tertiam manum missa*. Nous ne nous arrêterons pas à cette théorie contredite par la loi des Ripuaires elle-même et nous adopterons la

---

[1] En ce sens, Pardessus, *Diplomata et Chartae*. — Jobbé-Duval, *Etude sur la revendication des meubles*, p. 32. — *Contrà* M. Scherrer (*Zeitschrift für Rechtsgeschichte*, p. 267-270).

théorie ingénieuse de M. Jobbé-Duval qui voit dans
l'entiercement une saisie après laquelle l'objet reste
néanmoins aux mains du défendeur, non plus comme
possesseur, mais à titre de séquestre pendant le procès [1].

Aussitôt après cet entiercement le défendeur devra
prendre parti dans le débat : tout d'abord il peut con-
sentir à restituer le meuble, mais vouloir se laver de
l'accusation de vol portée contre lui et alors : ou bien
il a acquis l'objet par juste titre mais sans pouvoir
nommer son auteur ou le retrouver ; il devra dans ces
deux cas prêter serment avec six cojurateurs dans le
délai de quatorze jours ; ou bien il a trouvé cet objet
et il devra faire la preuve de son allégation.

Le défendeur peut encore se refuser à toute restitution prétendant qu'il est légitime propriétaire. Mais
quelle que soit sa prétention, le moyen qu'il aura choisi
pour l'établir sera définitif et il devra faire la preuve
qu'il a promis de faire, quels que soient les change-
ments que les circonstances aient pu apporter à sa
cause.

Le jour où s'ouvriront les débats est fixé par la loi
elle-même. Le délai sera de quatorze, quarante ou
quatre-vingts jours après l'entiercement selon que le
défendeur sera dans le duché, hors du duché ou hors
le royaume.

---

[1] Jobbé-Duval, *op. cit.*, p. 34.

L'objet devra être amené devant le juge, mais non pas pour un combat ou une lutte simulés, car la procédure, lorsqu'elle en est à cette phase, est déjà très avancée et il ne s'agit plus de ces vaines formalités, mais pour que les témoins ou cojurateurs aient l'objet du litige présent devant leurs yeux.

Si le défendeur ne comparaît pas, le demandeur l'attend jusqu'au coucher du soleil, puis il prend défaut en faisant attester de son absence par trois témoins. La loi Salique dit qu'il sera alors appelé au tribunal du Roi et s'il fait de nouveau défaut, mis hors la loi ; ses biens seront saisis et le demandeur sera autorisé à se remettre en possession de l'objet litigieux, puisque par son absence le défendeur a tenté de proroger le temps pour lequel il avait été constitué séquestre.

Si le défendeur se présente au tribunal, il faudra, comme nous l'avons dit plus haut, que l'objet soit présent. — Si c'est un animal ou un esclave et qu'il soit mort, il aura dû être enterré les pieds liés d'une branche d'osier dont l'extrémité sortira de terre et le tribunal se transportera au lieu de la sépulture. Si l'objet n'est pas apporté ou si les formalités que nous venons d'indiquer n'ont pas été remplies, le défendeur n'est plus admis à opposer une défense quelconque : il sera condamné sans être entendu. Si, pour employer une expression du Palais, l'affaire est en état, le défendeur peut n'avoir pas contesté les prétentions du demandeur ; dans ce cas il suffira qu'il jure avec six cojurateurs qu'il s'est rendu acquéreur de l'objet, mais qu'il n'a pu retrouver son auteur : il sera alors absous mais il devra restituer cet objet au demandeur. Et remarquons ici avec M. Sohm qu'il aura dû prendre dans l'entiercement l'attitude que nous lui supposons. Car s'il avait déclaré lors de cette formalité qu'il entendait actionner son auteur en garantie il ne serait plus admis à prêter un tel serment et serait aussitôt convaincu du délit.

L'accusé peut aussi opposer une défense sérieuse : ou bien il possède par une cause d'acquisition originaire et il devra prouver son dire par trois témoins ; ou bien il a appelé son auteur en garantie par la forme de la citation ordinaire, *mannitio :* il faut alors examiner le cas où l'auteur fait défaut et celui où il se présente. Dans le cas de défaut l'accusé fait jurer, par trois témoins, qu'il a acquis de lui et c'est le garant qui est condamné pour vol, mais le défendeur au procès doit restituer l'objet au demandeur, sauf son recours. Si l'auteur se présente, ou bien il nie et l'accusé, dont l'unique moyen tombe, est immédiatement condamné (Loi des Ripuaires), ou bien encore le garant accepte le débat et accorde sa garantie : l'accusé primitif est immédiatement mis hors ne cause, et il faut en voir la raison dans ce qu'il s'agit d'une poursuite criminelle qui, par hypothèse, suppose la culpabilité de l'un ou de l'autre, mais non des deux à la fois.

Enfin, et pour terminer cette rapide revue des différents cas qui pouvaient se présenter dans cette procédure très formaliste de la revendication et des modes de preuve qui y étaient attachés, si le demandeur perd son procès la peine du talion lui est appliquée et il subit la même composition que l'accusé aurait encourue s'il avait été déclaré coupable.

CHAPITRE II. — Le Moyen-Age.

Avec l'affermissement du pouvoir public l'extension que vont prendre les idées juridiques dans un monde plus civilisé, plus attaché à son sol, débarrassé de ces invasions qui bouleversaient à la fois et les tribus et les institutions, le moyen-âge fera dès le dixième siècle, abandonner l'ancienne tradition quant à la chose volée. Les auteurs vont voir dans le vol deux choses bien distinctes : d'une part la répression du délit, et ce sera l'action du vol proprement dite, action qui appartiendra au pouvoir public ; et d'autre part la réparation du préjudice matériel qu'a causé le délit, la question qu'il soulève quant à la propriété de la chose volée ; ils créent alors l'action de *chose emblée*. Remarquons en passant que cette action ne doit pas être confondue avec l'action de chose adirée, beaucoup plus récente qu'elle et qui s'applique seulement à la chose perdue. Nous nous élèverons en cela contre la théorie de M. Marcel Thévenin et de M. Franken qui, en faisant remonter l'étymologie du mot « adiré » à « *adextractus* », ce qui est exact, cherchent à lui donner un sens général répondant à l'idée de dessaisissement sans le fait et contre le gré du possesseur (alors que son sens, beaucoup plus restreint, signifie « égaré, perdu »), et ne veulent voir qu'une seule et même action, alors que des textes tels que les assises de la Cour des bourgeois d'Antioche sont aussi formels que possible sur ce point et nous montrent deux actions distinctes.

Ce serait aller trop loin que d'assimiler l'action de chose emblée à notre revendication dont elle ne revêt ni les règles de droit ni les règles de forme. D'une part en effet, en ce qui concerne ceux à qui compète cette action, il est bon de remarquer que l'emprunteur et le créancier gagiste étant responsables des cas fortuits, comme tenus par une obligation solennelle, c'est à eux seuls, qui doivent la restitution de la valeur de la chose, qu'appartiendra l'action de chose emblée[1]. D'autre part, cette action, bien que les progrès de l'industrie aient déjà augmenté le nombre et la valeur des objets mobiliers, ne semble encore s'appliquer guère qu'aux bestiaux comme celles de la loi des Ripuaires, puisque beaucoup des coutumiers ne se placent que

---

[1] Livre de justice et de Plet, — Coutume de Bordeaux.

dans cette hypothèse. Remarquons enfin que cette action devra être exercée dans l'an et jour comptés du vol ou de la perte.

Nous n'entrerons pas dans le détail de la procédure de l'action de vol et de la demande de chose emblée qui nous entraînerait hors du cadre que nous nous sommes assigné. Mais nous ferons seulement remarquer qu'en ce qui concerne la preuve que doit apporter le demandeur, elle est restée, au XIIIe siècle, à peu près la même que celle qui est exigée par la loi des Ripuaires. Le poursuivant doit tout d'abord rendre vraisemblables ses prétentions et dès qu'il les a énoncées il déclare qu'il est « tout prest de jurer seur sains de ma main et de ma bouche que je ne fis onques chose, de quoi je en deusse perdre la sesine[1]. »

Quant aux preuves que doit fournir le défendeur elles consistent à établir qu'il n'a pas commis le délit personnellement ou que le délit n'existe pas, soit, dans le premier cas, qu'il se déclare prêt à restituer et offre d'établir son innocence par serment, soit, dans le second, qu'il fasse remonter sa possession à un mode originaire ou qu'il appelle en cause son vendeur. Il pourra prétendre qu'il tient la chose du demandeur lui-même par vente, prêt ou gage, ou que la bête a été élevée chez lui. S'il appelle son auteur en garantie, il doit s'engager à amener son garant « à terme nommé ».

---

[1] Etablissements de Saint-Louis, L. II, chap. XVII.

Beaumanoir dit même qu'il doit en donner le nom. Un délai lui est accordé pour amener cet auteur : c'est le « jour de garant ».

Puisque nous sommes amenés à citer Beaumanoir, jetons donc un rapide coup d'œil sur son œuvre et mesurons le pas énorme que ce grand jurisconsulte a fait faire à la théorie de la revendication. Nous avons vu que si, au début du moyen-âge, la règle : « Meubles n'ont pas de suite », était appliquée dans toute sa rigueur, la pratique ne tarda à y apporter de sérieux tempéraments ; c'est ainsi que, pour celui qui a confié sa chose, soit pour la faire travailler, soit pour la réassortir à un artisan qui s'en est dessaisi aux mains d'un tiers, « le droit, disent les assises de Jérusalem, commande qu'il la doit recouvrer[1] » ; de même le bailleur devra retrouver la chose qu'il a baillée entre les mains de qui qu'elle se trouve. Beaumanoir va pousser la doctrine dans le sens de la pratique ; s'il ne dégage pas lui-même une théorie bien nette de la revendication, puisqu'il ne reconnaît pas, comme contrepoids du droit de suite, un droit de prescription acquisitive, il la prépare tout au moins. C'est ainsi qu'il accorde à la victime du vol le droit de recouvrer sa chose même entre les mains des héritiers du voleur. Il accorde de plus à celui qui a acheté

[1] Le Livre Roisin et la Coutume d'Amiens consacrent le même principe.

sur un marché public la restitution de son prix
d'acquisition. Enfin, Beaumanoir apporte encore une
autre innovation, la plus importante de toutes :
l'action possessoire ; il permet au possesseur qui a été
dépossédé par violence, fût-ce même par le propriétaire
de la chose, d'obtenir la dessaisine de ce dernier et de
rentrer en possession, tout en réservant naturellement
la voie pétitoire au propriétaire.

CHAPITRE III. — **XIVᵉ et XVᵉ siècles.**

Au point de vue juridique, la période qui s'écoule
dans l'espace de ces deux siècles est une période transitoire. Elle est tout occupée par la renaissance
romaine. Il faut se garder de croire que l'étude du
Droit romain, son application de plus en plus complète, aient brusquement changé les coutumes ; de
même que dans la période précédente, où les idées ont
fait leur chemin et où nous avons vu le domaine
d'application de la vieille règle : « Meubles n'ont pas
de suite », se rétrécir peu à peu, de même la revendication ne s'introduira pas brusquement ; les théories
coutumières elles-mêmes l'ont préparée, la renaissance
du Droit romain la développera, mais ne transplantera
pas tout à coup la revendication romaine, et celle-ci
subira de nombreuses et profondes modifications.

C'est ainsi que, tout d'abord, nous voyons rester appliquée la théorie coutumière de la saisine d'an et jour qui met à l'abri de toute poursuite le possesseur qui en justifie ; nous voyons aussi que l'action possessoire, sauf dans le cas que nous avons avons cité plus haut, est inconnue, et nous devons en chercher la raison dans ce fait que la justice reste séquestre de l'objet litigieux pendant l'instance ; enfin, nous voyons encore que les créanciers n'ont pas de droit de suite sur les meubles aliénés par leur débiteur.

Il faut aussi considérer qu'à cette époque la propriété et la possession mobilières sont considérées avec beaucoup moins d'intérêt que de nos jours ; nous sommes en pleine féodalité, et la seule richesse, vraiment importante, en ces temps troublés, où les luttes intestines déchirent la France, où les exactions et les rapines sont choses communes, est la propriété immobilière ; la terre seule est un bien dont il est impossible de dépouiller son propriétaire ; elle est aussi le bien qui produit le revenu le plus clair, celui auquel on s'attache d'une façon plus vive et qu'on défendra soit avec les arguments juridiques, soit, plus encore, par les armes, avec une plus grande opiniâtreté.

Avant d'étudier, rapidement encore, les actions mobilières, remarquons que dans l'action de vol, une scission profonde, caractéristique de l'évolution de l'esprit juridique de cette époque, s'est produite entre l'action criminelle et la revendication proprement dite, c'est-à-dire l'action purement civile. La première de ces deux actions appartient maintenant au pouvoir public, le procureur du Roi qui, seul, a qualité pour l'exercer ; la seconde, au contraire, est seule laissée au soin de la victime, et le plaideur n'a plus à craindre la peine du talion. Cette dernière action porte encore le nom d'action de *chose emblée* ou d'*action de furtive*, ainsi que la nomme Bouteiller[1].

Si, au xive siècle, cette action a conservé une grande analogie avec celle que nous avons décrite plus haut, elle s'est profondément modifiée au xve siècle. La notion du vol s'est d'abord beaucoup étendue, jusqu'à reproduire, avec Claude Liger, la théorie romaine. Ainsi, la victime de l'abus de confiance pourra triompher par la revendication, ainsi encore, le commodataire n'en a plus l'exercice mais bien le propriétaire lui-même[2]. Enfin, quant à la procédure, l'enquête a remplacé l'ordalie du duel.

Les actions que nous qualifierons de civiles par opposition à celle que nous venons d'examiner, sont la *revendication* ou *rentrerie* et la procédure *d'adveu et contre-adveu*.

L'introduction de la demande en revendication consiste dans la saisie du meuble faite sur le posses-

---

1 Somme rurale, L. i, tit. XXVIII, p. 158.
2 Claude Liger, n° 1280.

seur par un sergent : la chose est placée sous la main de justice mais, néanmoins, le défendeur peut en être constitué séquestre s'il fournit caution suffisante ou si sa solvabilité est notoire. Le demandeur lance alors son assignation et, lorsque la Cour est saisie, il n'a plus, comme jadis, à affirmer son droit, mais à en faire la preuve en établissant son acquisition régulière. Le défendeur est en droit de demander *un jour de garant*, mais il doit s'engager à rester au débat et à le soutenir au cas où son auteur ne comparaîtrait pas. Bouteiller limite encore à trois le nombre des garants, mais la pratique ne tarda pas à laisser à la Cour la plus vaste appréciation. La revendication peut être mise en échec par l'usucapion qui s'applique seule aux meubles et s'acquiert par trois ans, « *Usucapion qui, à juste titre, s'acquiert à trois ans* [1]. »

Dans la procédure de *l'adveu et contre-adveu* le demandeur « forme son adveu », c'est-à-dire émet sa prétention, en présence d'un sergent qui saisit le meuble et assigne le défendeur à comparaître dans le délai de huitaine. Dans ce délai le défendeur doit *contre advouer* en se prétendant, devant la Cour, propriétaire de l'objet litigieux qu'il revendique à son tour. La Cour statue sur la garde provisoire du meuble et examine ensuite le débat au fond, en appliquant les principes que nous avons déjà exposés.

[1] Grand coutumier de France.

Nous avons terminé avec cette période que nous avons qualifiée, à juste titre croyons-nous, de transitoire ; nous allons entrer dans la période qui s'étend aux trois siècles qui précèdent la Révolution. Nous y verrons encore une transformation complète des idées juridiques. Cette période débute en effet par l'application presque intégrale et exclusive du droit romain ; on repousse les maximes coutumières, jusqu'à les traiter de « droit haineux » ; mais le triomphe du droit romain, qui n'a jamais été total, fut de plus éphémère ; la nouvelle étude approfondie des coutumes, leur fusion, leur condensation ont préparé les grandes lois du XVIIIe siècle, qui ont été les bases de notre Code civil.

CHAPITRE IV. — **Du XVIe au XVIIIe siècles.**

Tout appliquée qu'elle ait pu être, on ne trouve exprimée dans aucune coutume la maxime fameuse « meubles n'ont pas de suite par hypothèque ». Aussi les commissaires du roi chargés de la rédaction des coutumes n'y inséreront-ils pas cette maxime bien française que respectaient la pratique autant que la doctrine. Mais l'absence de cette disposition coutumière expressément écrite ouvre la porte à toutes les nouvelles théories qui commençaient à se faire jour et qui préparaient la renaissance du droit romain dont nous parlions à l'instant.

La diversité des coutumes quant à l'acquisition des meubles par prescription est fort grande : les unes admettent l'usucapion pour un délai de cinq ans, les autres pour un délai de dix années, enfin les plus nombreuses limitent à trois ans le temps nécessaire pour acquérir par ce mode. Quant aux coutumes muettes, fallait-il rechercher le droit commun, dans le droit romain ou se souvenir des anciens principes coutumiers et n'accorder qu'une prescription trentenaire ? C'est à cette dernière opinion que se sont ralliés les parlements et c'est encore un point où le droit romain se heurta à la coutume et dut s'effacer devant elle. Un autre point encore où le droit romain succomba est celui des actions possessoires. Bouteiller, qui avait tenté d'introduire dans la pratique la « *Complainte de Nouvelleté* », n'aboutit qu'à un échec et l'esprit qui fit rejeter sa tentative dominait encore. La coutume ne peut admettre, en effet, que pour une chose d'aussi peu d'importance qu'un meuble il puisse exister deux actions, l'une sur la possession et l'autre sur la seigneurie [1].

La vieille formule du xive siècle « meubles n'ont pas de suite » s'est complétée et, pour ainsi dire, restreinte par l'adjonction des mots « par hypothèque ».

[1] Delalande.

En effet, d'une signification très générale qui excluait, sauf certains cas de dépossession violente, la revendication du propriétaire dépossédé, elle s'est cantonnée dans cette idée que la distribution du prix des meubles ne peut se faire par voie d'ordre, ainsi que nous dirions de nos jours, mais par contribution entre les créanciers, quels que soient leurs titres. Cela ne veut cependant pas signifier qu'à cette époque un meuble ne puisse être grevé d'une hypothèque légale, mais à la deuxième rédaction de la coutume de Paris, l'hypothèque mobilière quelle qu'elle fût disparut totalement.

Au xviiie siècle, si la revendication mobilière reste toujours admise, on en contrebalance l'effet par des fins de non-recevoir que les auteurs vont s'ingénier à trouver. Et c'est d'abord la question de la prescription trentenaire qui reste entière comme elle l'était au xvie siècle ; le principe est que cette prescription seule doit s'appliquer dans le silence de la coutume ; elle est donc proclamée de droit commun. Mais, comme ce délai est vraiment trop long pour les meubles, Pothier présente une théorie nouvelle, celle du « juste titre et bonne foi ». Cette théorie réduit le délai à trois années alors même que l'objet aurait été volé.

Nous allons rechercher comment la preuve du juste titre et de la bonne foi sera administrée. Nous supposons que, par les moyens de preuve, qui sont demeurés à peu près les mêmes que ceux qui étaient employés en l'ancienne procédure et que nous avons énumérés, le demandeur a établi qu'il avait été, à un moment, propriétaire de l'objet litigieux. Le défendeur n'a plus qu'une ressource, son juste titre et sa bonne foi accompagnés d'une possession triennale. La preuve du juste titre se fera-t-elle par les règles du droit commun et appliquera-t-on l'ordonnance de 1667 qui interdit la preuve testimoniale pour une valeur au delà de cent livres et faudra-t-il pour une valeur supérieure apporter un écrit? C'eût été bien difficile, car si les transactions immobilières donnaient généralement lieu à la rédaction d'un acte, les mutations mobilières comme de nos jours en étaient rarement l'occasion.

Théorie de Pothier.

Pothier, à ce sujet, a proposé une théorie dont il modifia peu à peu la portée; il pose d'abord en principe que la revendication se brisera contre la prescription acquisitive du défendeur; cette prescription sera triennale, mais à la condition que le défendeur ait juste titre et bonne foi; si l'un ou l'autre lui manque, la prescription trentenaire pourra seule lui faire acquérir la propriété du meuble et à la condition encore que sa possession ne soit pas entachée de précarité. Mais nous arrivons alors à la question que nous soulevions tout à l'heure : comment le posses-

seur pouvera-t-il son juste titre? Pothier[1] repousse le
système de l'ordonnance de 1667; il n'exige que le
témoignage du vendeur ou celui « d'autres personnes
qui aient connaissance de l'acquisition. »

La théorie que professent alors Ferrière et Boucheul
qui, remarquant que la transaction mobilière ne comporte aucune publicité, se contentent de la simple
affirmation du défendeur, rallie Pothier à cette idée
nouvelle. « A l'égard des meubles, dit-il, comme il est
d'usage que les ventes, les donations et les autres
genres d'aliénations des meubles s'exécutent et se con-
somment par la tradition qui s'en fait de la main à la
main sans dresser d'acte par écrit, le possesseur, pour
cette prescription, doit être cru de ce qu'il alléguera du
titre auquel il dit avoir la chose, pourvu que ce qu'il
allègue soit vraisemblable[2] ». Mais Pothier ajoute une
exception, celle de la chose furtive, et il confond dans
la dénomination de vol aussi bien le vol proprement
dit que l'abus de confiance, et c'est en ce point notamment que sa théorie diffère de celle de Bourjon que
nous allons expliquer.

Théorie de Bourjon.

La nouvelle impulsion qui donna le jour à cette
théorie nous vint de la Hollande ; la multiplicité des

---

[1] *Traité de la prescription. — Introduction à la coutume de Nor-
mandie. — Traité des cheptels.*
[2] Pothier, *Donations entre mari et femme.*

transactions dans un pays aussi commerçant vint mettre en garde contre les inconvénients de la revendication. Noël professe que la chose aliénée par le dépositaire ou le locataire ne pourra être revendiquée par le propriétaire contre l'acquéreur de bonne foi, qu'à la condition que le prix en soit restitué à ce dernier ; Bourjon [1] le suit et le dépasse dans cette voie ; il distingue nettement le vol de l'abus de confiance et refuse la revendication dans ce dernier cas, et il invoque à l'appui de sa théorie l'intérêt supérieur du commerce ; c'est là supprimer le droit de suite. Mais Bourjon ne s'arrête pas encore ; il reprend la maxime « En fait de meubles, possession vaut titre », et en détourne la signification ; l'idée première n'était, en effet, que de trouver dans la possession un *instrumentum*, moyen de preuve, quelquefois péremptoire, mais toujours discutable ; Bourjon, après avoir supprimé le droit de poursuite, supprime aussi la prescription et fait alors de la possession la présomption absolue de la propriété. Puis, comme nous le montre M. Jobbé-Duval, il compare les deux adages d'origines si différentes, « En fait de meubles, possession vaut titre » et « meubles n'ont pas de suite par hypothèque », il en perçoit l'analogie et les fond en un seul. « meubles n'ont pas de suite », mais il ne l'applique qu'à l'acquéreur de bonne foi. Voilà donc la théorie échafaudée : la pos-

---

[1] Droit commun de la France. Liv. VI. Tit. VIII.

session est la présomption absolue de propriété ; mais la pratique imposera quelques exceptions ; c'est d'abord celle de l'objet volé, sauf cependant s'il a été acquis sur un marché public ou d'un marchand vendant des choses pareilles ; c'est ensuite celle du propriétaire qui conserve le droit de revendication des objets qui garnissaient les lieux loués, à la condition de l'exercer dans un très court délai ; c'est, enfin, l'exception instituée au profit du vendeur non payé qui conserve le droit, si la vente a été faite au comptant, de revendiquer sa chose contre les sous-acquéreurs de bonne foi.

TROISIÈME PARTIE

DROIT CONTEMPORAIN.

Titre premier. — La maxime « En fait de meubles, possession vaut titre ».

CHAPITRE PREMIER. — **Son sens.**

La maxime que nous allons étudier et qui se trouve inscrite dans l'article 2279, est une de celles dont la portée a été le plus discutée. Son sens est, en effet, assez équivoque, et sa définition malaisée à établir. Empruntons-la à l'illustre et regretté professeur M. Bufnoir [1]. « La possession de bonne foi d'un meuble, dit-il, suffit pour en faire acquérir immédiatement la propriété. »

Nous avons vu que les promoteurs de notre règle, ont été, dans notre ancien droit, Pothier et surtout Bourjon dont nous avons expliqué la théorie sur laquelle nous allons encore revenir.

« La prescription, dit Bourjon [2], n'est d'aucune con-

---

[1] *Propriété et contrat,* page 343 *in fine.*
[2] Liv. III, titre XXII, chapitre V.

sidération, elle ne peut être d'aucun usage quant aux meubles ; puisque, par rapport à de tels liens, la possession produit tous les effets d'un titre parfait. »

C'est donc, pour lui, une suppression radicale de la revendication mobilière. Mais, déjà de son temps, sa doctrine rencontrait d'ardents contradicteurs, Bretonnier, notamment, qui veut laisser subsister l'idée de prescription, alors que Bourjon repousse la nécessité d'un tel moyen d'acquisition des meubles, sauf, ajoute-t-il cependant, « s'il y a action personnelle en restitution ».

Cette idée de prescription triennale que nous avons vue dans notre ancien droit, qu'appliquait la jurisprudence du Parlement et que défendait Bretonnier, est passée dans le second alinéa de l'article 2279. Mais seulement à titre d'exception : « Néanmoins, celui qui a perdu ou auquel il a été volé une chose, peut la revendiquer pendant trois ans à compter du jour de la perte ou du vol, contre celui dans les mains duquel il la trouve. »

Encore une fois, il ne s'agit dans ce second alinéa que d'une double exception formulée au principe général établi par le premier alinéa et, cependant, l'un des premiers commentateurs du Code civil, Toullier [1]. tente, par une théorie, aujourd'hui complètement abandonnée, de réintroduire cette idée d'une pres-

---

[1] Tome XIV, n° 104 à 119.

cription triennale, confondant ainsi la règle avec
l'exception ; mais cette théorie, qui n'est appuyée sur
aucun texte, a eu le sort qu'elle devait avoir : les deux
alinéas sont, e effet, placés en contraste l'un avec
l'autre et non comme complément l'un de l'autre, et
les exceptions sont de droit strict.

Nous venons de dire que l'application et le sens
même de l'article 2279 avaient soulevé de nombreuses
controverses ; fidèle à la ligne de conduite que nous
nous sommes imposée, nous nous efforcerons de
résumer les différents systèmes qui se trouvent en
présence sans formuler une opinion qui pourrait être
trop présomptueuse en présence des autorités auxquelles s'attachent chacun de ces systèmes.

Deux grandes théories se trouvent en présence sur
le sens de l'article 2279.

La première, défendue par M. Bufnoir [1], consiste
à prétendre que le possesseur, supposé de bonne foi,
n'a besoin d'invoquer aucune prescription. C'est là
un cas d'acquisition de la propriété par le fait de la
loi, une acquisition *lege*. Une objection se présente
immédiatement à ce système, c'est que les textes ne
parlent en aucun endroit d'une acquisition de cette
nature, mais la réponse à cette objection est fort
simple ; cette acquisition n'a jamais eu besoin d'être
expressément énoncée, nul ne peut se refuser à en

[1] *Op. cit.*, p. 351.

reconnaître l'existence, et, pour ne citer qu'un seul exemple, l'acquisition des fruits par le possesseur de bonne foi en est une preuve irréfutable.

Ce système ne tend pas à la suppression de la revendication, au contraire, mais il en réglemente l'exercice et ne l'admet que lorsqu'on ne pourra pas lui opposer une possession réunissant tous les caractères prévus aux articles 2228 et 2229, c'est-à-dire continue et non interrompue, paisible, publique, non équivoque et à titre de propriétaire. Mais alors, et en raisonnant par *a contrario*, on pourrait en induire que la revendication sera admise contre tout possesseur dont la possession est vicieuse ou précaire ; il existe cependant des cas où l'obligation de restituer imposée au possesseur ne dérive pas forcément de la précarité ; la revendication pourra-t-elle s'exercer alors ? Nous réserverons la solution de cette question jusqu'après l'examen du second système et lorsque nous montrerons les points d'analogie qui les rapprochent.

Le second système général [1] a pour principe la suppression de la revendication mobilière, mais l'explication doctrinale de cette suppression souffre des divergences. Nous dirons tout d'abord quelques mots de l'opinion de certains auteurs qui essaient de voir dans la conséquence de l'article 2279 une prescription instantanée. Le possesseur, disent-ils, est à l'abri de la

---

[1] Aubry et Rau, *Prescription*.

revendication par l'effet d'une prescription instantanée
établie à son profit dès qu'il entre en possession.
Cette opinion ne mériterait pas la peine d'un examen
si elle empruntait seulement une pure forme de lan-
gage, si elle n'était qu'une explication pittoresque,
mais peu exacte de la conséquence de notre maxime;
mais nos auteurs ont voulu creuser plus à fond leur
idée et, partant d'un principe faux, ils ont abouti
nécessairement à une conséquence fausse. Considérant l'article 2279 comme une prescription acquisitive,
ils ont voulu qu'il ne puisse s'exercer qu'aux conditions imposées à toute prescription, le juste titre et la
bonne foi réunis. Mais alors, c'est la négation même
de la volonté du législateur, puisque l'article 2279
crée à lui seul un titre, et c'est en même temps la con-
damnation de leur doctrine. Ils ont encore voulu
l'appuyer sur un argument de texte : l'article 2279,
prétendent-ils, est placé au titre des prescriptions:
ce titre, qui parle tout d'abord des longues prescriptions, traite ensuite des plus courtes et doit arriver
fatalement à la prescription sans aucun délai, c'est-à-
dire instantanée; mais on peut répondre que l'art. 2279
avait nécessairement sa place à l'endroit où l'ont placé
les rédacteurs du Code civil, puisque, dans son second
alinéa, il consacre une prescription, mais à titre excep-
tionnel seulement, ainsi que nous l'avons fait remarquer.

Nous examinerons maintenant le système de la

jurisprudence dont nous verrons l'application plus tard dans l'examen de différents cas particuliers.

La jurisprudence, ainsi que nous l'avons dit, repousse, elle aussi, la revendication mobilière, mais à l'encontre de la théorie de la prescription instantanée elle ne donne à l'article 2279 que l'effet d'une présomption légale de propriété devant laquelle vient échouer la revendication du propriétaire; c'est par conséquent un retour à la doctrine germanique « meubles n'ont pas de suite » que nous avons exposée dans notre historique et qui excluait toute revendication. Mais si la jurisprudence n'apportait aucun palliatif à cette théorie, si elle voyait dans l'article 2279 une présomption de propriété irréfragable, il en résulterait une situation absolument intolérable; par la suppression de la revendication, le possesseur tenu à restituer, le possesseur précaire par exemple, dépositaire, commodataire ou autre, pourrait résister à la réclamation du déposant ou du commodant. Il fallait donc ne donner à l'article 2279 que la valeur d'une présomtion *juris tantum* susceptible d'être combattue par la preuve contraire et accorder une action en restitution toutes les fois qu'une obligation personnelle du possesseur était intervenue, obligation dont la preuve incombera au demandeur.

A bien considérer, la différence entre les deux systèmes est beaucoup moins considérable qu'elle ne paraît et, qu'on l'appelle action revendication ou action personnelle en restitution, nous verrons que les conséquences en seront les mêmes.

Nous venons de dire que la jurisprudence exigeait du propriétaire, demandeur à l'action, une preuve de son droit. Mais que devra être cette preuve ? Elle peut en effet comporter deux degrés ; le premier consistant pour le revendiquant à faire la preuve pure et simple de sa propriété ; le second à faire ensuite la preuve de la restitution dont est tenu le possesseur. Nous verrons, notamment dans l'étude des dons manuels que, pratiquement, cette question d'une double preuve est souvent écartée ; la possession ainsi contestée ne présente plus tous les caractères exigés par l'article 2229, elle est équivoque et la preuve d'une possession régulière incombe alors au possesseur.

Mais en nous plaçant au seul point de vue de la question de preuve, nous verrons que bien des décisions, se basant strictement sur les articles 2228 et 2230, considèrent la possession non équivoque comme une irréfragable présomption de propriété et mettent en conséquence au revendiquant qui invoque la précarité, la charge de la preuve de ses prétentions. Cela est du reste fort rationnel et en conformité de la maxime « *Probatio incumbit ei qui agit.* » Mais certaines décisions vont plus loin encore et (nous le verrons surtout à l'égard des dons manuels) veulent assimiler à la précarité des situations qui n'en ont pas du tout les caractères ; c'est ainsi par exemple que

dans le débat entre le possesseur et celui duquel il
tient le meuble la jurisprudence (tout au moins une
bonne fraction) prétendra ne plus appliquer l'article
2279. Elle mettra, évidemment, à la charge du revendiquant une première preuve, celle de la remise de
l'objet au possesseur et par lui ; mais cette première
preuve une fois faite, elle laissera au possesseur la
charge de prouver qu'il détient en vertu d'un juste
titre d'acquisition, c'est-à-dire qu'il n'est pas un détenteur précaire; c'est là, comme nous le disions, faire
abstraction complète de l'article 2279 qui, dans la
doctrine, est présumé créer à lui seul un juste titre d'acquisition et dispenser, par conséquent, le possesseur
de toute preuve d'une telle nature.

M. Bufnoir, dans son système que nous avons
exposé, repousse énergiquement cette manière de voir.
Il reconnaît cependant que, pratiquement, il atteindra
au même but, à savoir l'inapplication de l'art. 2279
lorsqu'une obligation de restituer est intervenue, mais
en respectant les principes qui régissent notre matière.
Il se base sur ce que l'article 2279, quoiqu'il ne soit
pas un moyen de prescription, n'en tend pas moins
au même effet et comme tel exige une possession susceptible de produire au besoin la prescription, c'est-à-
dire la possession telle qu'elle est définie à l'art. 2228
avec l'*animus domini* et alors la situation juridique
que conférera cette possession ne peut être autre que
celle que crée au possesseur son titre d'entrée en pos-

session : il ne peut être modifié mais simplement consacré ; et c'est en cela que nous pouvons répondre à la question que nous avons posée plus haut : peut-il y avoir obligation de restituer sans qu'il y ait précarité ? Oui, puisque l'obligation de restituer peut naître de la résolution du titre pour une cause quelconque, car, nous venons de le montrer, la possession ne peut créer plus de droit que le titre lui-même et dans cette idée de résolution est absente toute idée de précarité.

M. Bufnoir a prévu l'objection, que nous trouvons assez fondée du reste, qu'on allait lui faire en accusant son système d'avoir recours, lui aussi, à la théorie du juste titre. Il proteste contre cette accusation en faisant remarquer qu'au contraire des auteurs qui préconisent le système de la prescription instantanée, prescription qui ne peut être acquise qu'au moyen d'un titre *absolument existant et valable en la forme*, il ne tient compte, lui, du titre que pour y rechercher l'*animus* qu'il révèle ; peu lui importe que ce titre soit, en droit, valable ou non ; la seule question à résoudre est celle de savoir quelle était l'intention du possesseur, son *animus* au jour de son entrée en possession.

Avant d'abandonner l'exposé de la discussion théorique du sens et des conséquences de l'article 2279, nous essaierons de comparer les deux grands systèmes que nous avons montrés.

Et d'abord, examinons-en les différences : nous avons vu que d'une part le système de la prescription

instantanée exige un juste titre, à tort, croyons-nous,
puisque l'article 2279 semble à lui seul créer un titre,
et que ce juste titre doit être réel, existant et valable ;
un titre putatif ne suffirait par conséquent pas. Le
système de l'acquisition *lege* ne suppose pas au contraire, de titre d'acquisition.

Nous avons vu, quant à l'action réservée au propriétaire, que l'un des systèmes admet l'existence de la
revendication sauf lorsqu'il s'agit d'une obligation
personnelle de restitution, et que l'autre supprime
totalement la revendication en ne laissant subsister
que l'action personnelle en restitution, s'inspirant du
vieille adage « meubles n'ont pas de suite ».

Mais après avoir examiné les différences, surtout
théoriques, de ces systèmes, il faut reconnaître que,
dans l'application, leur résultat est absolument le
même. Et le meilleur moyen de s'en convaincre est
de comparer dans leurs conséquences l'action en
revendication et l'action personnelle, dont nous venons
de parler. Il est évident qu'au cas d'insolvabilité du
possesseur le demandeur qui exerce l'action en revendication n'aura rien à craindre de la présence d'autres
créanciers ; il a un droit réel sur la chose, droit qui
s'exerce à l'encontre de tous. Mais alors si on ne lui
accorde, comme dans le second système, qu'une action
personnelle, il semblerait à première vue que cette
action ne lui conférera aucune préférence et qu'il
devra entrer en concours avec les créanciers ; cette

solution n'a pu être admise par personne ; elle allait contre le bon sens et surtout aussi contre un texte formel, l'article 608 du Code de procédure civile qui, au cas d'objets saisis, confère au « propriétaire » le droit de former une demande en distraction ; c'est donc proclamer aussi formellement que possible qu'aucun concours n'est possible entre les créanciers et le propriétaire du meuble et qu'il doit rentrer en possession de sa chose.

Mais alors il fallait donc bien donner à cette action, qu'on s'obstine à qualifier de personnelle, une portée spéciale et pour ainsi dire mixte, puisqu'elle a tous les effets d'une action réelle. On a répondu tout d'abord, pour soutenir cette dénomination, que l'action en délivrance ou en restitution était exercée contre les créanciers de la même manière qu'elle l'eût été contre le débiteur lui-même, parce que ceux-ci ne pouvaient avoir plus de droit que leur débiteur et devaient subir la situation juridique de celui-ci ; cette explication semble un peu faite pour les besoins de la cause, car pourquoi dans un certain cas, lorsqu'il s'agira d'une somme d'argent par exemple, le déposant ne pourra-t-il pas en obtenir le paiement intégral, car ce serait un droit de préférence qu'on invoquerait à son profit et que la loi n'a pas prévu, privilège qu'il est impossible de créer, puisque les privilèges sont de droit étroit ; et pourquoi, d'autre part, le déposant d'un objet déterminé aura-t-il le droit d'en obtenir la restitution à l'encontre des autres créanciers ?

Il faut donc alors, pour donner une explication plausible de cette anomalie, en venir à ce que nous disions plus haut et donner à notre action, qualifiée de personnelle, tous les effets d'une action réelle, et notre conclusion sera celle de M. Bufnoir : « Si vous me demandez maintenant quelle différence subsisterait alors entre l'action personnelle, lorsqu'elle s'exerce sous cette forme et dans les conditions que j'indique et l'action réelle, je suis bien obligé de répondre que je cherche moi-même à la découvrir. Car les auteurs qui ont émis l'idée ne se sont pas préoccupés de l'analyser bien à fond et encore moins d'en discuter les intérêts pratiques. »

CHAPITRE II. — **Domaine d'application de notre maxime.**

Tout d'abord nous devons nous demander à quels meubles s'applique l'article 2.279. Il est évident que ses dispositions concernent tous les meubles corporels ; quant aux meubles incorporels, il est certain que ceux dont la transmission demande un acte écrit ne sauraient être l'objet des dispositions de notre article ; l'acquéreur, en effet, a pu s'entourer de toutes les précautions désirables et la loi n'a pas lieu d'intervenir pour protéger son acquisition. Mais parmi les meubles incorporels, il en est qui peuvent se transmettre sans donner lieu à la rédaction d'aucun acte, ce sont les titres au porteur dont la propriété est transmisible sans endossement, sans notification au débiteur, par la simple tradition. Nous verrons qu'une jurisprudence constante leur applique les dispositions de l'article 2279 ; les tribunaux vont même plus loin et admettent que la tradition de certains titres nominatifs puisse se faire manuellement ; c'est ainsi qu'un arrêt de la Cour d'appel de Paris du 18 mai 1867 déclare que la transmission d'une police d'assurances peut se faire manuellement et que du reste « la transmission de toutes valeurs peut avoir lieu par simple tradition accompagnée, dans certains cas, de formalités nécessitées par la nature des valeurs qui en font l'objet. » Plus récemment encore, un arrêt de la Cour de cassation du 6 mai 1891 a confirmé cette jurisprudence [1].

L'article 2279 suppose que le meuble est possédé à titre particulier, il exclut donc les universalités mobilières, mais bien entendu les universalités juridiques telle qu'une succession ; les universalités de fait telles qu'un troupeau restent soumises à ses dispositions.

Nous ferons enfin remarquer que l'article 2279 protège non seulement le possesseur qui, d'après son titre, invoque un droit de propriété, mais aussi celui qui invoque un démembrement de la propriété, droit

[1] D. 93-1-177.

réel, usufruit ou autre, et que d'un autre côté le possesseur ne saurait, couvert par les dispositions de notre article, être évincé de tout ou partie de sa chose, soit par des actions en résolution, en nullité ou en rescision qui auraient pu être exercées contre le précédent possesseur, soit par des droits réels dont serait grevée la chose. Ces droits ou ces actions ne peuvent, en effet, refléchir contre lui et précisément par l'effet même de la règle « meubles n'ont pas de suite » qui est, comme nous l'avons montré, un corollaire de la maxime « En fait de meubles possession vaut titre ».

Nous passerons sous silence les dispositions du second alinéa de notre article relatives au vol et à la perte, les explications qu'il conviendrait d'en donner ne rentrant pas dans le cadre direct de notre étude.

TITRE DEUXIÈME. — ÉVOLUTION DE LA JURISPRUDENCE.

Nous avons vu, au cours de nos explications théoriques sur les conséquences de l'article 2279, que, malgré que cet article semble créer une présomption légale de propriété en faveur du possesseur, la jurisprudence, lorsqu'il s'agit du rapport direct entre ce possesseur et celui duquel il détient, pouvait exiger du propriétaire revendiquant une preuve double : celle de sa propriété et celle de l'obligation de restituer qui s'impose au possesseur. Nous avons dit aussi que cette question était souvent tournée et que par le fait du caractère équivoque de la possession, le possesseur se trouvait à son tour obligé de faire preuve de sa dispense de restituer. Cette preuve, il la prendra dans le juste titre qui fortifie sa possession, juste titre sur la nature juridique duquel nous nous sommes étendus et dont la nature résidera dans un contrat verbal ou écrit.

Mais les seuls contrats qu'il pourra invoquer pour montrer sa possession à titre de propriétaire seront la vente et la donation ; c'est donc sur ces deux sortes de contrats que porteront nos recherches pratiques et sur les moyens de preuve qu'emploiera le possesseur pour établir leur existence.

I. — *De la preuve en matière de vente mobilière.*

Nous n'exposerons pas ici une théorie de la vente en général, ou même plus particulièrement de la vente mobilière. Le sujet a été traité trop à fond pour qu'il puisse rester rien d'utile à en dire. Nous chercherons simplement l'orientation de la jurisprudence dans quelques cas spéciaux.

La vente, contrat consensuel, synallagmatique, commutatif et à titre onéreux, comporte pour sa formation trois éléments essentiels, le consentement des parties, l'objet et le prix.

CHAPITRE PREMIER. — **Consentement des parties.**

La vente, contrat du droit des gens, n'est assujettie à aucune forme essentielle, elle est parfaite par le seul consentement des parties ; la rédaction d'un écrit, inutile à sa validité, n'a donc pour but que d'en faciliter la preuve, et le défaut d'écrit peut être suppléé par la preuve testimoniale, l'aveu ou le serment ; c'est ainsi qu'un arrêt de la Chambre des requêtes du 19 nivôse an XII, décide que l'achat de meubles dont le vendeur est resté en possession, peut être prouvé par témoins à l'encontre même des tiers. Mais la preuve testimoniale n'est admise qu'autant que le prix n'excède pas 150 francs, et les tribunaux ont souverain pouvoir pour fixer cette valeur ; ils peuvent la déterminer soit par une expertise préalable, soit même par de simples présomptions. « Lorsque, dit un arrêt, rien ne prouve que la somme inférieure à 150 francs stipulée dans un acte de vente, nul en la forme, à titre de prix, ne soit pas la valeur réelle de la chose, la preuve de cette vente peut être faite par témoins [1]. » La jurisprudence est du reste constante sur le point d'attribuer aux tribunaux le plus grand pouvoir d'appréciation de la valeur indéterminée d'une convention

[1] Douai, 7 janvier 1836 (S. 37-2-137).

quelconque [1]. Nous allons examiner un point intéressant de l'accord des parties, c'est celui des *lettres missives*. Sans qu'un acte ait été rédigé spécialement pour constater l'accord intervenu, il a pu être échangé, entre les parties, une correspondance suffisante pour établir le consentement mutuel. Et d'abord, il est hors de doute que le destinataire d'une lettre peut s'en servir lorsqu'il y a un intérêt légitime, soit pour faire valoir une prétention, soit pour repousser celle de l'adversaire. La lettre lui appartient, donc il a le droit d'en disposer à son gré et d'en tirer le plus grand avantage possible, tant à l'égard de l'expéditeur qu'à l'égard même d'un tiers. La jurisprudence et les auteurs sont d'accord sur ce point. Les héritiers du destinataire qui se trouvent à ses lieu et place, ont naturellement les mêmes droits que lui.

Une question s'est cependant posée quant à cet usage illimité : le destinataire d'une lettre confidentielle en peut-il faire usage en justice ? Les anciens auteurs [2] ont soutenu que le destinataire devait respecter à l'égard de tous la confidence ; mais les auteurs modernes et la jurisprudence ont établi une distinction que nous ne pouvons qu'approuver : le destinataire se sert-il de la lettre contre l'expéditeur, il a droit d'en violer le secret, car c'est l'expéditeur lui-même qui l'a mis dans cette obligation ; mais, au

[1] Cass., 1" avril 1890.
[2] Denisart.

rebours, il ne saurait se servir en justice de la lettre confidentielle d'un tiers. Cette théorie a été consacrée par un arrêt de la Cour de Cassation du 26 juillet 1864 [1].

Nous avons dit que la correspondance échangée peut constituer le concours de volontés qui donne naissance au contrat. Mais à quel moment le contrat se forme-t-il ? Cette question a donné ouverture à deux importants systèmes : le premier dit *système de l'information*, exige que le pollicitant ait connaissance de l'acceptation de l'autre partie, le contrat ne se formant qu'au moment où il reçoit la lettre qui contient cette acceptation. Les partisans de ce principe l'appuient tout d'abord sur la manière dont se forment les contrats entre personnes présentes. La convention n'est, en effet, parfaite que lorsque l'offre a été acceptée par la partie à laquelle elle est adressée, il doit donc en être de même pour les absents, avec cette différence que la réponse ne se produit pas aussitôt que l'offre est formulée. Un autre argument est tiré, à l'appui de ce système, de la matière des donations : l'article 932 déclare que la donation n'aura d'effet que du jour de la notification de l'acte d'acceptation, il doit en être de même en ce qui concerne l'offre et la réponse faites par lettres.

Un arrêt de la Cour de Poitiers du 11 mars 1889

[1] D. 62-2-129.

déclare « qu'il ne suffit pas qu'une réponse affirmative soit donnée ; il faut, de plus, que cette acceptation parvienne en fait, avant toute rétractation de l'offre à la partie qui a fait la proposition ». La jurisprudence est à peu près unanime en faveur du système de l'information ; elle déclare donc, en conséquence, qu'une convention par lettre entre deux villes différentes, n'est réputée conclue qu'au *moment* et au *lieu* où est reçue la lettre contenant acceptation de la promesse faite.

Avant de passer au second système, nous signalerons une théorie allemande soutenue par M. Koeppen[1], qui se range au système de l'information. Cette théorie, qui considère la volonté unilatérale comme la source d'une obligation, et qui, par conséquent, semblerait laisser de côté le consentement, admet que la promesse contenue dans la lettre du pollicitant donne naissance au contrat, mais sous la condition suspensive de l'acceptation du correspondant ; mais alors, il nous semble que notre système n'est pas entièrement respecté par cette théorie ; il place, en effet, la date du contrat au jour de la réception de la lettre d'acceptation ; au contraire, la théorie de M. Koeppen place cette date, en même temps que la conclusion du reste, au jour de l'expédition de la lettre contenant la promesse ; car la condition suspensive, du moins à

[1] *Der obligatorische Vertrag unter Abwesenden* (*Jahrbücher für die Dogmatik des heutigen Privatrechts*, 1871, tome II p. 139).

notre avis, a pour effet, lorsqu'elle arrive, de faire rétroagir au jour de la promesse le consentement des parties.

Le second système, dit de *l'Agnition*, cherche à pallier les inconvénients pratiques très graves qu'offre le premier. Il est en effet assez difficile, si ce n'est impossible, à prouver le fait de la réception de la lettre et de sa lecture, et puis, inconvénient plus grave encore, la rapidité des transactions commerciales est battue en brèche par ce délai plus ou moins long imposé à la perfection du contrat; aussi, le second système se contente-t-il de la coexistence des deux volontés sans que leur concours soit connu des parties. C'est là une interprétation plus large de la loi, mais qui a encore sa justesse; ce qu'elle désire, en effet, c'est le concours des volontés : la volonté d'offrir, celle d'accepter; or, ces deux volontés existent du jour où la lettre de l'acceptant est envoyée; donc le contrat est formé.

Un autre argument de droit peut encore être invoqué par les partisans du système qui nous occupe. Il consiste d'abord à écarter l'article 932 du Code civil ; cet article, en effet, est spécial aux donations ; or, le Code civil s'est montré défavorable aux donations ; la preuve en est dans les multiples formalités dont il les a entourées, dans les causes de nullité qu'il a semées à chaque pas sur leur chemin; aussi, dit-on, l'article 932 n'est qu'une exception et doit être interprêté comme tel dans son sens le plus strict ; on invoque alors les dispositions de l'article 1121 qui, s'occupant des stipulations pour autrui, déclare que « celui qui a fait la stipulation ne peut plus la révoquer si le tiers a déclaré vouloir en profiter ». On en conclut qu'il n'est pas nécessaire que le stipulant connaisse la volonté de celui en faveur de qui il stipule pour qu'il soit lié définitivement. La portée de l'argument nous semble très contestable, car on peut faire à l'article 1121 les mêmes reproches que les partisans du système de l'agnition adressent à l'article 932 ; il est, lui aussi, relatif à un contrat spécial ; on ne saurait donc pas, partant du même raisonnement, le généraliser ; de plus il a trait, lui aussi, à un contrat généralement fait à titre gratuit ; il faut cependant reconnaître, ce que ne manquent pas de faire ressortir les partisans de ce système, que ce contrat peut être aussi à titre onéreux et que, par conséquent, il est beaucoup plus général que l'article 932 ; il ne fait aucune distinction entre ces deux qualités du contrat ; il est donc beaucoup moins anormal de le généraliser.

On peut encore trouver un nouvel argument à l'appui de ce système dans l'article 1985 du Code civil qui, en matière de mandat, admet l'acceptation tacite par le mandataire résultant de l'exécution même par ce dernier, sans, par conséquent, que son acceptation expresse soit parvenue à la connaissance du mandant.

Ce système a été adopté dans l'ancien droit par

Cujas, qui l'expose tout au long [1], et par Pothier [2], et il était admis par le savant et regretté doyen M. Garsonnet [3]. La législation allemande l'a élevé à l'état de principe dans l'article 321 du Code de commerce.

Mais ce système étant admis et le contrat étant considéré comme passé du jour de l'acceptation, il reste encore une difficulté fort grave à résoudre, c'est celle de la preuve de l'acceptation.

D'autres prétendent que l'acceptation devra être juridiquement notifiée au pollicitant. Mais alors, c'est remettre en question la discussion du système lui-même.

Les auteurs qui évitent cette objection se rangent à deux systèmes différents ; le premier consiste à considérer comme moyen de preuve suffisant la remise à la poste de la lettre d'acceptation ; ils admettent que c'est là une manifestation de la volonté de l'acceptant qui ne peut laisser aucun doute ; c'est le système dit de *l'expédition*, que soutiennent de savants auteurs tels que MM. Aubry et Rau, Lyon-Caen et Renault.

Les partisans du second système, dit *système de la réception*, ne considèrent, au contraire, le contrat comme définitivement lié que du jour où la lettre d'acceptation parvient entre les mains de son destinataire ; ils objectent, en effet, au premier système que

[1] *Observationes XIII*, chap. 31.
[2] *Vente* n° 32.
[3] T. 1, § 179, p. 755, note 17.

la lettre appartient à celui qui l'envoie jusqu'au jour
de sa remise et qu'il peut donc, au gré de son caprice,
se la faire restituer par la poste et rompre, par sa
seule volonté, un contrat déjà lié. Le second système
écarte donc cette possibilité en évitant la difficulté très
grande de faire la preuve et de l'acceptation, et du
moment où elle a été portée à la connaissance du pollicitant : il suffira d'indiquer le jour de réception de la
lettre.

Un jugement du tribunal de commerce de la Seine,
rendu le 6 mars 1883[1], a fait application de ce système dans l'espèce suivante : un négociant de Paris a
vendu par correspondance à un négociant d'Elbeuf ;
les marchandises expédiées dans cette ville ont été
refusées par le destinataire ; assigné devant le tribunal
de commerce de la Seine en paiement du prix, le
défendeur oppose l'incompétence en soutenant que
Paris n'était pas le lieu de la provenance ; le tribunal
rendit le jugement suivant : « Attendu que pour
repousser le déclinatoire opposé, les demandeurs soutiennent que la marchandise aurait été livrée dans
leurs magasins à Paris, que le marché traité par correspondance ne serait devenu définitif qu'au moment
où l'acceptation de leur offre aux défendeurs leur par-
venait à Paris, que la convention aurait eu lieu en
cette ville et que, par application du § 2 de l'article 420

[1] Gaz. Pal., 83-1-529.

du Code de Procédure civile, le tribunal de commerce
de la Seine serait seul compétent;

« Mais attendu que, sans qu'il y ait lieu de rechercher
si la marchandise a été livrée à Paris, il est constant
pour le tribunal que l'offre faite de Paris par les
demandeurs de livrer de la marchandise à un prix
convenu ne peut être considérée comme une promesse
de vente attributive de juridiction du tribunal du lieu
où elle a été faite, et, qu'en cas d'acceptation, c'est le
lieu de l'acceptation et non celui de l'offre qui doit être
réputé le lieu de la convention et celui du paiement;
qu'il en résulte que le concours des deux circonstances résultant du § 2 de l'article 420 du Code de
Procédure civile ne s'est pas réalisé... Par ces motifs,
se déclare incompétent. »

Nous allons maintenant dire quelques mots de la
preuve de la vente en matière commerciale.

La preuve de la vente en matière commerciale, plus
simple qu'en matière civile, est réglementée par l'article 109 du Code de commerce; les achats et ventes
se constatent, dit cet article, par actes publics, par
actes sous signature privée, par le bordereau ou arrêté
d'un agent de change dûment signé par les parties,
par une facture acceptée, par la correspondance, par
les livres des parties, enfin par la preuve testimoniale.
Alors qu'en matière civile cette dernière preuve est
refusée pour un litige qui dépasse 150 francs, elle est
toujours admise en matière commerciale. Les modes

de preuves qu'indique l'article 109 peuvent venir à
défaut les uns des autres et dans l'ordre qu'il détermine,
mais ils ne sont cependant pas exclusifs l'un de l'autre
et peuvent quelquefois concourir ensemble. La célérité
des affaires commerciales, l'absence de formalisme que
cette célérité nécessite sont, comme nous l'avons déjà
vu, les raisons qui ont obligé à faciliter les modes de
preuve. Et ces preuves énumérées dans l'article 109 ne
sont même pas limitatives ; c'est ainsi qu'un jugement
du tribunal d'Orléans du 31 janvier 1817 déclare « que
les juges de commerce sont en quelque sorte des
arbitres forcés et que sans s'écarter des règles prescrites, ils ont la faculté de s'environner de tous les
renseignements que peuvent leur donner des négociants
quand ils servent à éclairer leur religion et qu'ils sont
conformes à la vérité. »

L'article 109 dispose, comme nous l'avons dit, qu'en
matière commerciale les « achats et ventes » se constatent par la preuve testimoniale ; hâtons-nous d'ajouter
que cette règle, qui semble ne viser que les achats et
ventes, est tout à fait générale et que les auteurs ainsi
que la jurisprudence sont d'accord pour l'appliquer, en
matière commerciale, à tout autre litige et il en découle
que les juges peuvent s'appuyer sur de simples présomptions à la condition qu'elles soient graves, préci-
ses et concordantes (Cass. 5 mars 1894). Cependant il
importe de faire remarquer que la preuve testimoniale
doit être restreinte aux actes purement commerciaux.

C'est ainsi par exemple qu'il a été jugé par un arrêt de la Cour de Cassation du 17 janvier 1882 [1] que la dation en paiement d'un fonds de commerce, faite par un mari à sa femme séparée de biens et ayant pour cause la restitution de sa dot, n'est pas un acte commercial et demeure, en conséquence, soumise aux règles du droit civil et que le mari n'est pas autorisé à prouver par témoins outre et contre le contenu de l'acte par lequel a été opérée cette dation en paiement.

C'est ainsi encore que si l'acte n'est commercial que de la part de l'une des parties, la preuve testimoniale est bien recevable contre cette partie, mais elle ne l'est pas contre l'autre. Un arrêt de cassation du 19 novembre 1862 [2] décide qu'au cas de vente par un propriétaire de sa récolte à un fabriquant qui l'achète pour les besoins de son commerce, ce dernier ne peut prouver le paiement du prix qu'en se conformant à la disposition du § 1, de l'article 1341 du Code civil.

Un moyen de preuve propre aux litiges commerciaux et dont nous essaierons de résumer la théorie en quelques lignes, repose sur les écritures et livres des commerçants ; le principe général qui régit toute preuve est qu'on ne peut se faire, par sa propre écriture, un titre à soi-même ; cependant l'article 12 du Code de commerce y a dérogé. Pour examiner sa portée il échet de faire des distinctions et d'examiner les cas

[1] D. 82-1-424.
[2] D. 62-1-472.

où il est employé contre des commerçants, contre des
non commerçants ou par des commerçants entre eux.

§ 1. — Preuve contre les commerçants.

Les livres de commerce font foi contre les commerçants en faveur des personnes qui n'exercent pas
le commerce, cela résulte de l'article 1330 du Code
civil ; cette proposition est aussi générale que possible
et peu importe que les livres soient tenus régulièrement ou non ; il serait, en effet, peu juste de voir un
commerçant qui a mal tenu ses écritures profiter de
sa négligence alors qu'un commerçant scrupuleux
pourrait être victime de l'exactitude de ses livres[1].
Peu importe encore que la mention soit écrite ou non
de la main du commerçant. L'article 1313 assimile à
un aveu l'écriture contenue au livre d'un commerçant
et comme tel il en respecte l'indivisibilité. Celui qui
veut tirer argument d'une mention inscrite au livre
d'un commerçant doit donc l'utiliser dans son entier et
ne point chercher à écarter ce qu'elle contiendrait de
contraire à sa prétention. C'est ainsi que le client d'un
agent de change qui entend se prévaloir des énonciations des livres de ce dernier doit les prendre dans son
ensemble sans pouvoir accepter quelques-unes des
opérations et rejeter les autres. (Lyon. 18 mai 1888[2].)

[1] Lyon-Caen et Renault, t. I, n° 613.
[2] *Mon.*, Lyon, 18 mai 1888.

Cependant les énonciations contenues au livre d'un commerçant ne le lient pas irrémédiablement et il est admis à faire preuve par tous autres moyens de l'inexactitude totale ou partielle de ces énonciations. Les juges eux-mêmes ont un pouvoir d'appréciation illimité et ils peuvent tirer des documents de la cause une opinion autre que celle que devraient leur suggérer les livres seuls.

Inutile d'ajouter que le commerçant qui refuserait de produire ses livres doit être condamné, si son adversaire a offert auparavant d'ajouter foi à cette production.

§ 2. — Preuve contre les non commerçants.

Les registres des commerçants ne font pas foi contre les personnes non marchandes; ce principe est proclamé par l'article 1329 du Code civil. Cependant la jurisprudence n'a pas pris ce principe trop à la lettre et sa tendance est fortement marquée pour faire des livres du commerçant qui les invoque un commencement de preuve par écrit qui autorise ce dernier à les corroborer par la preuve testimoniale (Cassation 12 juillet 1892)[1]. Mais la vertu des énonciations contenues aux livres ne peut aller plus loin contre le non commerçant et l'appréciation de la qualité qu'invoque

[1] *La loi*, 15 octobre 1892.

ce dernier doit être faite, en sa faveur, dans la plus large mesure : c'est ainsi qu'il importe peu qu'il ait exercé le commerce s'il ne l'exerce plus, que même la cessation de son commerce n'ait pas été généralement connue au moment où il a traité, si cependant cette cessation était effective.

L'article 1329 du Code civil après avoir fixé le principe que nous venons d'énoncer, ajoute les mots « sauf ce qui sera dit à l'égard du serment » ; on peut se demander de quel serment il entend parler : cependant, à la réflexion, on doit écarter de suite le serment décisoire, puisque ce serment peut être déféré pour toute contestation et en tout état de cause ; la restriction de l'article 1329 n'aurait donc, s'il s'agissait d'un tel serment, aucune portée. Il s'agit donc du serment supplétoire, serment qu'il appartient au juge seul de déférer ; mais, sur le point de savoir à quelle partie le juge est en droit de déférer un pareil serment, les auteurs sont en contradiction. Pothier, dont les études sur ce sujet ont inspiré les rédacteurs du Code civil, estime que lorsque les circonstances rendent vraisemblable la vérité des fournitures inscrites, le juge doit s'en rapporter à la parole du marchand ; c'est donc à lui qu'il devra, s'il le juge nécessaire, déférer le serment et non à la partie non marchande ; Larombière vient encore appuyer cette opinion de son autorité (article 1329) Bonnier[1] s'élève, au contraire, contre

[1] T. II, n° 780.

cette opinion et estime que c'est à la partie non marchande que doit être déféré le serment, sauf cependant, reconnaît-il, dans les cas extrêmement favorables au marchand. L'opinion la plus sage, dans de telles contestations où la question de fait domine toujours, est, nous le croyons, de ne prendre parti pour aucun des deux systèmes, de laisser au juge toute sa liberté de choix des moyens propres à l'éclairer et de lui reconnaître par conséquent le droit de déférer le serment à celle des parties qu'il juge utile d'entendre. Cette délation de serment est, en effet, de quelque système qu'on soit partisan, absolument à la discrétion du juge et vouloir l'empêcher de le déférer à l'une ou l'autre des parties serait, dans beaucoup de cas, l'empêcher d'employer ce moyen qui peut être pour lui d'un grand secours et restreindre ainsi ses moyens d'investigation.

§ 3. — Preuve entre commerçants.

Nous ne dirons que quelques mots de la force probante des livres de commerce entre commerçants ; ce sujet se rapporte, en effet, d'une manière trop directe au droit commercial dont nous n'avons pas fait l'objet de notre étude.

L'article 12 du Code de Commerce pose le principe que les livres de commerce régulièrement tenus peuvent être admis par le juge pour faire preuve entre commerçants. Il importe peu qu'ils soient écrits de la main du commerçant ou de celle d'un tiers, commis ou employé.

Trois conditions sont requises pour que les livres de commerce puissent faire foi entre commerçants ; il faut : 1° que le débat se déroule entre commerçants, c'est-à-dire entre personnes dont les écritures respectives puissent se contrebalancer ; 2° qu'il s'agisse de faits de commerce respectif des parties ; 3° que les livres de commerce, c'est-à-dire d'opérations rentrant dans le commerce soient régulièrement tenus : c'est là, en effet, la preuve de leur exactitude et, dans ce cas, le juge peut les considérer comme une preuve complète sans avoir recours à d'autres présomptions ou aux témoignages. La jurisprudence même va plus loin que la loi et admet qu'un livre régulièrement tenu, quoique non coté ni paraphé, constitue un moyen de preuve suffisant (Nantes, 2 novembre 1889) ; elle admet enfin qu'un registre irrégulièrement tenu puisse servir encore de renseignement et que le juge ait la faculté d'en déduire une présomption qui pourra notamment corroborer une preuve déjà établie (Cassation. 23 juillet 1873 [1].)

Les livres auxiliaires, c'est-à-dire ceux dont la loi n'impose pas expressément la tenue, peuvent encore

[1] D. 74-1-102.

servir de renseignement ou de présomption au juge, mais ils ne peuvent pas, à défaut de livres obligatoires, constituer à eux seuls un moyen de preuve et le demandeur qui ne pourrait invoquer à l'appui de sa prétention que cette sorte de livres, sans l'appuyer par d'autres éléments de preuve, verrait infailliblement sa demande repoussée.

Ajoutons, pour terminer, que la communication des livres de commerce n'est imposée que dans des affaires limitativement énumérées par l'article 14 du Code de commerce : les liquidations de successions, de communauté, les partages de société et la faillite.

LA CONTRE-LETTRE :

La contre-lettre, qui constitue une modification secrète de conventions officiellement arrêtées entre les parties, est souvent usitée en matière de vente : elle est aussi le moyen d'annuler les conséquences d'un acte qui, dans l'esprit des parties contractantes, n'était que simulé, la contre-lettre constitue alors un moyen de preuve de cette simulation, et M. Colmet de Santerre le montre fort bien : « On aura vendu, dit-il, et, par un acte séparé on aura fait remise du prix : il y a dissimulation d'une donation. On aura vendu pour un certain prix et par une contre-lettre, l'acheteur aura consenti à payer un prix supérieur à celui qui est stipulé dans l'acte : il y a dissimulation du chiffre du prix. Dans de nombreuses circonstances, l'acte a pour but de constituer en faveur d'une personne une propriété apparente, et la contre-lettre résume les droits du véritable propriétaire. A l'époque où la qualité d'électeur et celle d'éligible étaient la conséquence d'un certain cens électoral, on achetait un bien payant une certaine contribution, pour être électeur ou éligible, mais on reconnaissait, par une contre-lettre, que la vente était fictive et que le vendeur restait propriétaire véritable. »

Effets de la contre-lettre entre les parties.

Les contre-lettres produisent, entre les parties, des effets que produisaient de simples conventions, elles sont ainsi soumises aux prescriptions de l'article 1134 du Code Civil, et elles obligent les héritiers ou ayants-cause des parties qui les ont signées, comme elles obligent ces parties elles-mêmes.

C'est ainsi que la Cour de cassation, dans un arrêt du 9 avril 1807, a décidé que de simples présomptions corroborées même par les aveux judiciaires de l'une des parties, n'étaient pas suffisantes pour détruire l'effet d'une contre-lettre sous-seings privés ayant pour objet d'annuler une vente par acte authentique ; ce principe est appliqué aussi bien en matière civile qu'en matière commerciale ; mais il est évident que la contre-lettre ne peut avoir rien de contraire aux conditions ordinaires de validité des contrats ; elle est soumise comme ceux-ci à toutes les règles qui les régissent ; il faut donc que le consentement ne soit vicié ni par l'erreur ni par le dol, la fraude ou la violence. Enfin, c'est encore ce principe qu'elles ne doivent pas être contraires aux dispositions légales, qui a conduit la jurisprudence à annuler toutes les contre-lettres qui contiennent stipulation d'un supplément de prix en cas de cession d'un office dont le prix est déterminé par la chancellerie ; sur ce point, deux solutions conduisent à annuler la contre-lettre : la première, en la considérant comme illicite ; la seconde comme nulle pour défaut de cause : la chancellerie détermine seule, en effet, et a seule pouvoir pour le faire, le prix d'un office ; ce prix est donc censé représenter exactement la valeur de l'office, le supplément de prix qu'impose la contre-lettre n'a donc pas de cause, et celle-ci doit être annulée.

Effets à l'égard des tiers.

L'article 1321 déclare que les contre-lettres ne peuvent avoir d'effet à l'égard des tiers. Cette disposition est aussi générale que possible, et peu importe que l'acte apparent soit authentique ou sous-seings privés, et que la contre-lettre revête l'une de ces deux formes ; du reste, nous ne voyons pas pourquoi on chercherait à établir, comme l'a fait notre ancienne juris-

prudence, une distinction entre ces deux sortes d'actes
au sujet de l'effet produit à l'égard des tiers ; les actes
authentiques pas plus que les actes sous-seings privés ne sont en principe publics ; leur authenticité
n'emporte pas leur publicité, bien au contraire, puisque les notaires qui les reçoivent n'en doivent communication qu'aux parties qui les ont passés ou aux personnes autorisées de ces parties. Les tiers ne sont donc
pas censés les connaître plus que des actes sous-seings
privés ; et le même principe a été appliqué par la jurisprudence aux contre-lettres sous-seings privés qui
ont acquis date certaine (Cassation, 20 avril 1863 [1].)
La jurisprudence prend le mot « tiers » dans sa plus
large acception, c'est ainsi que l'arrêt que nous venons
de citer, considère comme tiers dans les contre-lettres
« ceux qui ne les ont pas souscrites ». Cependant, il
faut, ainsi que nous l'avons dit tout à l'heure, en
excepter les héritiers et ayants-cause qui sont tenus
des actes passés par leur auteur.

La preuve de la contre-lettre incombe nécessairement à celui qui la veut invoquer ; il est en effet de
principe que c'est à celui qui veut prouver outre et
contre le contenu d'un acte, et seulement lorsque cette
preuve est permise, qu'il appartient de démontrer l'inexactitude de l'écrit qu'il entend faire suspecter (Cassation, 5 février 1894 [2]). Dans ce sens un jugement du

[1] D. 63-1-185.
[2] S. 94-1-277.

tribunal de Dôle du 24 mars 1888 [1] décide que si dans un acte de vente reçu par un notaire il est porté que le prix a été payé comptant et qu'il est établi que cette mention est inexacte, c'est à celui qui prétend que le paiement a été effectué postérieurement à l'acte, à en apporter la preuve.

Un jugement du tribunal de commerce de la Seine du 2 mars 1888 [2] décide dans le même sens que la prétention de l'une des parties de réclamer la restitution d'une indemnité complémentaire au prix de vente ou pot de vin doit être appuyée par la preuve du paiement effectif de cette indemnité, et le jugement se base sur « ce qu'il appartenait au demandeur de faire insérer dans l'acte la mention du paiement dont il excipe et d'en stipuler la restitution au cas où le contrat viendrait à cesser de recevoir son exécution ».

CHAPITRE II. — **Objet de la vente.**

L'objet de la vente constitue l'élément essentiel du contrat, puisque le seul but de ce dernier est d'en effectuer le transfert de la propriété. En principe toutes choses peuvent faire l'objet d'une vente sauf celles qui sont prohibées par les lois, ou immorales. Nous n'énumérerons donc pas les différentes espèces de

[1] La Loi. 31 Mars 1888.
[2] La Loi. 17 Mars 1888.

choses, meubles ou immeubles, droits incorporels, etc.,
qui peuvent être aliénées, et fidèle à notre ligne de
conduite, nous ne rechercherons que les cas qui sont
liés au sujet de notre étude.

Parmi ceux-ci, la vente de *la chose d'autrui* nous
sollicite tout d'abord.

Le droit Romain et notre ancien droit reconnais-
saient comme valable la vente de la chose d'autrui.
L'obligation du vendeur qui consiste à mettre l'acheteur en possession de l'objet vendu et qui, en cela
consiste en une obligation de faire, se résolvait, au cas
où il lui était impossible de l'exécuter, n'ayant pu se
procurer la chose, en dommages-intérêts.

Il n'en est plus ainsi sous l'empire du Code civil ;
l'article 1559 édicte la nullité absolue de la vente de
la chose d'autrui ; Portalis, dans son exposé des
motifs, parlant de la législation ancienne, s'exprime
ainsi : « Cette législation qui, dans quelques cas, pouvait favoriser des vues immorales, a paru contraire au
vrai principe de la vente. Son unique but doit être
la transmission de la propriété ; or la vente d'une
chose qui n'appartient pas au vendeur, telle par
exemple que celle qu'un fils ferait d'un immeuble
appartenant à son père encore vivant, ne peut être le
germe d'une transmission de propriété ; il a donc paru
plus conforme à la nature des choses et aux vues saines
de la morale, d'annuler l'engagement comme vente, il
ne pourra donner lieu qu'à la seule restitution du

prix ; et dans le cas où il ne serait pas établi que l'acquéreur eût su que la chose était à autrui, l'acte ne produira qu'un seul effet qui sera de donner lieu à des dommages-intérêts ». Ainsi donc ce principe, aussi général que possible, s'applique à toutes les ventes quel qu'en soit l'objet et peut être invoqué par chacune des parties. C'est ainsi que l'acquéreur peut en demander la nullité alors surtout qu'il a ignoré, lors du contrat, que la chose fût à autrui et il peut demander cette nullité à toute époque, qu'il soit ou non troublé par le véritable propriétaire et que la vente ait été exécutée ou non. Bien plus, l'acquéreur peut, du moins au dire de certains auteurs [1], alors qu'il savait que la chose n'appartenait pas au vendeur et qu'au contraire ce dernier se croyait propriétaire, demander la nullité de la vente, mais alors, la conduite de l'acquéreur, en cette circonstance, n'étant pas indemne de déloyauté, il devra être condamné à supporter les frais de la vente et même au besoin des dommages-intérêts.

Mais le vendeur de la chose d'autrui peut-il demander la nullité de la vente ? Certains auteurs, et notamment M. Troplong, se prononcent nettement pour la négative, il nous semble qu'il faille être moins affirmatif et faire une distinction : si la vente n'a pas encore reçu son exécution, le vendeur peut évidemment, alors qu'il apprend la méprise qu'il a commise, se

---

[1] Marcadé. Sur l'article 1599.

refuser à la lui livrer et la restituer au véritable propriétaire ; il a commis un acte illicite en vendant, il ne doit pas être obligé a en commettre un second en livrant. Mais si la tradition est déjà opérée, l'acquéreur peut lui opposer la maxime « *quem de evictione tenet actio, eumdem agentem repellit exceptio* » et conserver l'objet. Le vendeur n'a, du reste, contre lui aucun droit à revendiquer la chose, puisqu'elle ne lui a jamais appartenu. Il restera donc au vendeur la ressource d'obtenir du véritable propriétaire la ratification de la vente.

L'acquéreur peut-il, instruit qu'il est que la chose n'appartient pas à son vendeur, stipuler des dommages-intérêts en cas d'action ? La question est controversée, mais il a été jugé, par un arrêt de la Cour de Cassation du 12 février 1840, que l'acquéreur ne pouvait se réserver une telle faculté. Il faudra donc prouver dans ce cas que l'acquéreur ignorait la situation et cette preuve, qui incombera à lui seul, sera régie par les principes habituels et ne pourra être testimoniale au-dessus de 150 francs, qu'autant qu'il existera un commencement de preuve par écrit.

Nous n'examinerons pas les rapports de l'acquéreur mis en possession avec le véritable propriétaire ; ils relèvent directement des principes que nous avons exposés ; si la chose n'a été ni perdue ni volée, l'acquéreur peut opposer à la revendication du propriétaire la maxime de l'article 2.279, et dans le cas contraire,

il devra être indemnisé par le véritable propriétaire,
du prix qu'il a payé la chose et, s'il a été de bonne foi,
comme nous le supposons, il a fait les fruits siens, et
n'est pas tenu d'en opérer la restitution.

Signalons cependant au passage, un arrêt de la Cour
de Cassation (chambre civile), du 11 mai 1898 qui
restreint à la vente seule la disposition, dont nous
venons de parler, de l'article 2.280, par laquelle le
propriétaire d'une chose volée ne peut se faire rendre
cette chose par le possesseur, qui l'a achetée dans une
foire ou dans un marché public, qu'en remboursant
au possesseur le prix qu'il l'a payée. Cet arrêt refuse
en effet au créancier gagiste le bénéfice de cette disposition ; et c'est ainsi qu'il déclare que la maison de
banque qui a prêté sur des titres volés, ne peut opposer
à la demande en revendication du véritable propriétaire, le droit de rétention des dits titres, jusqu'au
remboursement, par le propriétaire, du montant des
avances consenties par elle. C'était la première fois, du
reste, que la question se posait devant la Cour suprême.

Ajoutons enfin que la vente de la chose d'autrui
constitue pour l'acquéreur de bonne foi un juste titre
qui lui permet d'acquérir par la prescription de 10 ans
ou 20 ans.

Une application identique de l'article 2.279 peut
être encore signalée, dans le cas où un même objet
mobilier a été vendu à deux acheteurs successifs car,
ce n'est pas comme en matière immobilière l'antériorité

du titre qui détermine celui auquel appartient la propriété, mais la possession réelle; c'est là une application à la vente de l'article 1141 du Code civil.

Nous ferons remarquer, pour terminer, que le principe de la nullité absolue a été battu en brèche par la jurisprudence la plus récente et qu'ainsi la vente de la chose d'autrui peut être ratifiée par le « *verus dominus* », mais cependant cette ratification serait tardive, si l'acheteur avait déjà formé sa demande en nullité. (Cassation, 30 décembre 1872. D. 73-1-437.)

II. — *De notre preuve en matière de dons manuels.*

CHAPITRE PREMIER. — **Les éléments du don manuel**.

Nous avons montré combien la maxime « *Res mobilis res vilis* » avait présidé à la rédaction du Code civil. La matière des donations s'en trouve, plus que toute autre, imprégnée, et les multiples formalités qu'impose le Code à la donation, les causes de nullité nombreuses qu'il suscite à plaisir, n'en sont que la résultante; la donation s'adresse en effet bien plus aux immeubles qu'aux meubles, et le don manuel est plus approprié à ces derniers, le Code reste absolument muet sur son existence. Est-ce à dire qu'il ne l'ait pas reconnu? Il n'en est rien, mais, à cette époque, la fortune mobilière était trop peu développée pour qu'on ait jugé utile de réglementer un acte dont l'importance n'apparaissait pas encore. C'est donc à cause de cette absence de réglementation que les tribunaux se sont vus plus souvent appelés à trancher les litiges qu'ont soulevés les dons manuels.

Si l'utilité du don manuel est incontestable, s'il était nécessaire, et, nous dirons plus, obligatoire d'en tolérer l'existence, il ne faut pas perdre de vue qu'il est aussi un merveilleux instrument à toutes les fraudes, et c'est pour en restreindre le plus possible le champ que les tribunaux s'attachent aux moyens de preuve les plus irréfutables ; l'examen de leurs décisions sur cette matière constitue donc, pour notre étude, le domaine le plus vaste.

Les éléments essentiels du don manuel sont d'abord, comme dans tous les contrats, la volonté des parties, celle de donner et celle de recevoir ; c'est, d'autre part, la tradition, et ces éléments sont inséparables pour constituer un don manuel. Nous ne nous arrêterons pas à étudier le concours des volontés, mais il est à remarquer que la jurisprudence exige que ce concours soit bien établi et qu'il soit le résultat d'une entente formelle. Une espèce, jugée récemment par le tribunal de la Seine (jugement de la deuxième chambre du 7 janvier 1899), fera comprendre notre pensée. Une mourante, craignant la prodigalité de ses enfants, ou tout au moins de l'un d'eux, avait remis à une tierce

personne une certaine quantité de titres au porteur en
la chargeant de les conserver jusqu'à ce qu'elle fût
morte et de les remettre ensuite à ses petits enfants
mineurs au moment de leur majorité, pour éviter ainsi
qu'ils puissent tomber en la possession de ses enfants.
Lors de l'inventaire, le tiers fit spontanément la
déclaration des valeurs qu'il avait en mains et de
l'usage qu'il était chargé d'en faire. Les cohéritiers,
qui se trouvaient dépouillés de ces valeurs, préten-
dirent les faire rentrer dans l'actif successoral. A cette
prétention, le père des mineurs, agissant comme leur
administrateur légal, opposa la théorie du don manuel
et prétendit que l'acte de la *de cujus* constituait un
pareil don et que sa volonté, ayant été connue et
acceptée par lui du vivant de sa mère, le consentement des parties s'était lié, l'un ayant la volonté de
donner et l'autre de recevoir au nom de ses enfants ;
qu'enfin, la tradition s'étant, elle aussi, parfaitement
effectuée, et que la tierce personne jouant à la fois le
rôle de mandataire de la donatrice et du donataire ès
qualités, le dessaisissement avait eu lieu ; qu'enfin, les
éléments du don manuel se rencontraient bien et que
sa validité en devait être prononcée. Mais le tribunal,
conformément à l'esprit de la jurisprudence que nous
signalions plus haut, a rejeté cette thèse : « Attendu,
dit-il, que si le don manuel est dispensé des formalités intrinsèques prescrites par la loi en matière
de donation, il n'en conserve pas moins tous les

caractères d'un contrat ; qu'il nécessite le consentement des parties et la tradition de la chose donnée,
avec dessaisissement complet et irrévocable du donateur ; d'où il suit que le don manuel ne saurait
prendre naissance qu'autant que le donateur et le
donataire sont l'un et l'autre vivants au moment où le
prétendu contrat s'est formé ; attendu que, sans doute,
il n'est pas nécessaire que le consentement des deux
parties contractantes se soit produit de part et d'autre
simultanément, et que le don manuel peut s'effectuer
par l'intermédiaire d'un tiers chargé de transmettre
au donataire la chose dont le donateur veut le gratifier, mais que le mandat donné à cet effet ne saurait
être accompli que pendant la vie du mandant... »

L'espèce que nous venons de relater nous amène à
parler des dons manuels par intermédiaire, c'est-à-
dire de la remise d'un objet mobilier par une personne
à un tiers qu'elle charge de transmettre au donataire.
Cette donation ne peut devenir parfaite que si la transmission s'est effectuée du vivant du donateur ; c'est ce
qu'a jugé le tribunal dans la décision que nous venons
de rappeler. Le don manuel ne se réalise pas, en effet,
par le simple consentement des parties, comme la
vente par exemple, mais par le consentement accompagné de la tradition ; ces deux éléments, pour distincts qu'ils sont, n'en sont pas moins inséparables,
et, s'il n'est pas absolument nécessaire qu'ils soient
concomitants, il faut tout au moins qu'ils se réalisent

du vivant des deux parties ; il en résulte que, même si l'acceptation du donataire s'est affirmée du vivant du donateur, mais si la tradition n'a été opérée qu'après sa mort, le don manuel est inexistant ; mais alors, supposons que les héritiers renoncent à le critiquer, leur reconnaissance implicite rendra-t-elle au don manuel l'existence juridique ? Non, car cette nullité absolue ne peut être couverte, et l'acte des héritiers est un nouveau don manuel. Cette distinction pourrait, à première vue, paraître oiseuse, mais lorsque nous aurons étudié les règles du rapport et de la réduction appliquées au don manuel, nous pourrons nous convaincre que la distinction est très importante, puisqu'elle aura pour effet de faire échapper ce donateur aux dispositions des articles 843 et 923 du Code civil.

On trouve encore un argument en faveur de la nullité du don manuel fait par intermédiaire et non réalisé du vivant du donateur dans les dispositions de l'article 1739 du Code civil, qui enjoint formellement au dépositaire de remettre à l'héritier la chose déposée, aucune distinction n'est faite, et on ne saurait arguer de l'article 1937, qui prévoit la remise par le dépositaire à une tierce personne indiquée ; la jurisprudence est, du reste, constante en ce sens [1].

Après avoir montré combien le consentement est, en

[1] Voir notamment arrêt de Cassation du 16 août 1842.

cette matière, lié indissolublement à la tradition, nous devons dire quelques mots de celle-ci prise en elle-même et, notamment, des objets qui y sont soumis. Tradition signifie possession matérielle. Ainsi donc, sont seuls susceptibles de don manuel les objets qui peuvent être corporellement possédés ; mais ces objets sont précisément ceux que vise l'article 2279, et c'est, en effet, ce qui, dans bien des cas, a guidé la jurisprudence pour résoudre la question de savoir si un acte pouvait être qualifié don manuel ou non. Les meubles doivent être d'abord individuels et une universalité ne saurait faire l'objet d'un don manuel (Cour de Paris, 8 mars 1882), ils doivent être ensuite corporels ; mais cependant, certains droits incorporels peuvent très bien faire l'objet d'un pareil don. Ainsi, les valeurs mobilières en sont susceptibles ; et d'abord les créances : un arrêt de la Cour de cassation du 17 mai 1855, intervenu sur les prétentions des héritiers d'un débiteur qui soutenaient que, de la remise d'un titre de créance par le créancier et d'une note qui expliquait que cette remise avait eu lieu à titre de don manuel, résultait le don de la créance, déclare que « cette note ne pouvait avoir pour résultat de constater le don manuel de la créance, mais celui des deniers primitivement remis ». Nous estimons, avec M. Bressolles[1], que le don manuel est rien moins que

[1] Bressolles, *Dons manuels*, p. 122.

caractérisé, car la tradition des deniers n'a pas été faite au moment du prêt à titre de don et la volonté des parties ne s'est pas non plus accordée pour une donation. Mais nous irons plus loin et nous prétendrons que si la libération résulte bien de la remise du titre, cette remise a elle-même constitué un don manuel. Le titre représentait, en effet, un droit attaché à la personne du créancier, droit que les parties sont tombées d'accord pour transmettre et dont la tradition s'est faite par la remise du titre qui le constatait.

Le don manuel d'une créance à un tiers est impossible par le fait de ce que la cession doit être signifiée au débiteur cédé et que, par conséquent, un acte de donation, revêtu des formalités légales, est nécessaire. Cette impossibilité s'étend aussi aux titres nominatifs, car la loi exige le transfert pour en opérer la tradition régulière, transfert qui ne pourra être effectué en matière de donation qu'après les formalités imposées par la loi. C'est ainsi qu'un jugement du tribunal de la Seine du 25 juin 1831 a déclaré irrégulière la tradition d'un titre nominatif de rente sur l'Etat. L'endossement par le titulaire d'un titre de créance qu'il a reçu par don manuel est, lui aussi, déclaré irrégulier. Enfin, les brevets d'invention eux-mêmes ne peuvent être l'objet d'un don qu'après les formalités exigées par l'article 20 de la loi du 5 juillet 1844.

Quant aux titres au porteur, nous verrons qu'une jurisprudence constante et unanime consacre la validité du don manuel dont ils peuvent être l'objet.

Sans nous étendre plus sur les conditions de validité du don manuel qui ont été magistralement exposées par M. Bressolles, nous rechercherons maintenant les différentes manières d'en administrer la preuve.

CHAPITRE II. — **Preuve de l'existence du don manuel**.

Deux systèmes sont en présence sur la question de savoir quelles règles doivent être appliquées à l'administration de la preuve en matière de don manuel. Certains auteurs [1], et aussi quelques arrêts, veulent voir dans le don manuel un contrat qui, n'étant pas visé par le Code, échappe à toutes les règles qu'il a instituées ; le système tend à laisser au juge le plus grand pouvoir d'appréciation ; il n'aura pas à s'inspirer du droit positif, mais simplement de sa conscience et de l'équité. C'est ainsi qu'un arrêt de la Cour de Bordeaux du 7 avril 1851 (S. 51-2-486) déclare que « les dons manuels restent dans les purs termes du droit naturel ».

Le second système tend, au contraire, à assimiler, quant à la théorie des preuves, les dons manuels aux autres contrats et à lier le juge par les dispositions édictées par le Code civil dans son chapitre VI du livre III,

[1] Proud'hon, *Domaine privé*. — Rép. Dalloz, *Dispositions entre vifs*, n° 1647.

titre III. Un arrêt de la Cour de Dijon du 14 juillet 1879
(S. 79-2, 201), déclare que « la loi n'ayant érigé aucun
système spécial de preuves applicable aux dons manuels pour lesquelles elle a gardé le silence le plus
absolu, c'est le droit commun qui doit être appliqué ».
M. Domolombe en [donne les raisons : « La théorie
des preuves, dit-il, embrasse évidemment tout ce qui
concerne la formation et l'extinction des droits, soit
personnels, soit réels, qui forment le domaine de la
législation civile. Or, les auteurs de notre Code en
ont posé toutes les règles dans ce chapitre, et ils ne
s'en sont occupés nulle part ailleurs. Il est donc
naturel, ou plutôt il est nécessaire d'admettre qu'ils
ont entendu que ces règles sur le système des preuves,
en droit civil, étaient générales et qu'elles s'appli-
quaient à tous les actes ou faits juridiques, d'où peut
résulter la formation ou l'extinction d'un droit, soit
personnel, soit réel [1]. » Cette théorie est, du reste,
partagée par la jurisprudence, et nous verrons que la
Cour de cassation et la majorité des arrêts des Cours
d'appel s'en sont inspirés.

Mais une question se pose qu'il est bon d'essayer
de résoudre immédiatement. L'article 1341 exige une
preuve écrite pour toute matière qui excède cent cinquante francs : cette disposition doit-elle ou non s'appliquer au don manuel ? La jurisprudence, fidèle au

[1] Demolombe, *Contrats*, t. VI, n° 181.

système que nous exposions tout à l'heure, fait rentrer encore une fois le don manuel sous l'application des dispositions légales et exige la preuve écrite ou tout au moins le commencement de preuve par écrit corroboré par des témoignages. Cette rigueur ne laisse pas que d'être critiquée, car en effet, comment exiger d'un acte qui, par définition même, consiste dans un fait purement matériel, la preuve écrite qu'écarte précisément sa nature ? Voici par exemple un défendeur qui invoque un don manuel et auquel on refusera toute preuve par témoins s'il n'apporte pas un commencement de preuve par écrit, alors que le demandeur qui invoque ou la précarité, ou le détournement, pourra prouver ses dires de quelque manière que ce soit, partant de ce principe que la fraude se prouve par tous moyens. N'est-ce pas mettre le défendeur dans une posture désavantageuse et peut-être même dans une impossibilité absolue de faire sa preuve ? C'est contre cette idée que s'est élevée la Cour de Paris dans un arrêt du 9 août 1875 qui a permis la preuve par témoins d'un don manuel allégué supérieur à 150 francs et non corroboré par un commencement de preuve par écrit. La prohibition de la preuve testimoniale au-dessous de 150 francs n'est en effet que le corollaire de la disposition qui impose la rédaction d'un acte pour tous les faits juridiques d'une valeur supérieure à cette somme ; or, comme le fait très judicieusement observer M. Bressolles, cette prescription ne saurait atteindre le don manuel puisqu'il exclut l'idée d'un écrit. Certains auteurs ont accusé cette théorie de trouver sa base dans une confusion entre l'acte générateur d'un contrat et l'écrit qui est requis pour la preuve. Mais nous ne voyons pas comment ce reproche pourrait être fondé. L'acte générateur du don manuel est, comme dans tous les contrats, l'accord des volontés suivi de la tradition ; cet accord, cette tradition peuvent et doivent se prouver au moyen des circonstances qui les ont entourés, des mobiles qui ont fait agir le donateur et encore une fois cette preuve ne doit pas nécessiter d'écrit puisque ces circonstances n'en supposent pas, et ce n'est pas confondre une preuve qui par sa nature doit être purement testimoniale avec les éléments du contrat qui sont au contraire bien distincts.

Le système général de la jurisprudence qui tend à exiger une preuve écrite du don manuel, ne peut-il pas soulever une autre difficulté ? L'acte qui sera dressé du don manuel n'enlèvera-t-il pas à celui-ci son caractère et ne le rendra-t-il pas nul ? Il est certain que si cet écrit intervenait après la tradition, il ne pourrait avoir aucun effet sur le don ; il n'en représenterait, en effet, qu'une simple constatation. Mais si l'acte est antérieur ou comtemporain à la tradition, par exemple une donation par acte authentique qui est nulle et qui a été réalisée, trois systèmes se font jour sur ce point. Le premier veut que la donation soit

nulle pour le tout et que le donateur puisse recouvrer
sa chose, car il est impossible de ratifier un acte nul
en la forme. Ce premier système a inspiré un arrêt
rendu par la Cour de Pau le 5 février 1866 dans une
affaire Gachassin [1]. Peut-on en effet être sûr que le
tradeus, s'il avait connu la nullité, eût fait la délivrance ?
Le second système veut que la tradition qui a été faite
à la volonté des deux parties ait constitué un don
manuel qui a remplacé la donation authentique ; il y
a simplement une substitution d'un contrat à un autre ;
c'est ainsi qu'un arrêt de la Cour de Nîmes du 30
août 1854 a décidé qu'une donation faite dans un contrat de mariage déclaré nul peut être validée comme
don manuel lorsqu'elle consiste en une somme d'argent versée aux mains des époux [2]. Enfin le troisième
système impose une distinction. Les parties ignoraient-
elles le vice dont était infecté l'acte ? le donateur n'a
pu valablement opérer la tradition. Mais a-t-il connu
cette nullité ? Dans ce cas, s'il a effectué cette tradition,
il a entendu faire un don manuel valable ; mais la
charge de la preuve de ce don incombera cependant
au donataire qui devra prouver la connaissance
qu'avait le donateur de la nullité en question [3]. Après
avoir passé en revue les quelques notions générales

[1] S. 66-2-194.
[2] S. 54-2-642.
[3] Aubry et Rau, t. 7, § 660. — Demolombe, t. 20, n° 75. — Larombière, *Des obligations*, t. 4, art. 1339-1340, n° 25.

qui président à l'administration de la preuve, nous allons examiner les différents cas dans lesquels elle doit se manifester.

§ 1. — Preuve par le donataire.

Il s'agit ici de distinguer si la possession du donataire est ou non constante en fait. Nous allons donc partager notre étude en deux paragraphes spéciaux à ces deux cas.

1° La possession du donataire est constante en fait.

Remarquons que c'est dans ce cas que la circonspection du juge devra être la plus grande, car c'est ici que peuvent se manifester plus aisément que dans tous les autres cas les fraudes pour lesquelles le don manuel est un si facile instrument. Quelle différence y a-t-il, en effet, entre la possession d'un véritable donataire et celle d'un voleur ?

Le possesseur, défendeur au procès, prétend conserver la chose en opposant à son adversaire, qui en demande la restitution, sa qualité de donataire ; le procès ne se présente pas toujours sous la même simplicité et le juge n'a pas toujours à statuer dans une simple demande en restitution formée par un plaideur qui nie le don allégué par le défendeur. Il peut revêtir des formes plus compliquées, en apparence tout au moins, exemple le jugement, dont nous avons parlé, rendu par le tribunal de la Seine, dans une demande en homologation de liquidation au sujet de valeurs, soit omises par le notaire, soit placées dans l'actif successoral, malgré les prétentions du donataire ; l'espèce complique quelquefois le litige soumis au juge, mais toutes questions de fait mises à part, le procès se réduit toujours à sa première forme que nous venons d'indiquer.

En principe, le possesseur n'a d'autres titres à invoquer que sa possession, du moins dans le cas où les demandeurs se bornent à démontrer qu'eux ou leurs auteurs ont eu, antérieurement à la possession actuelle du défendeur, la propriété des objets litigieux ; il importerait peu que les dits demandeurs apportassent des preuves par écrit de cette propriété en exhibant des titres. Nous sommes ici en matière mobilière, « où la possession vaut titre », et la jurisprudence, pour ne citer que la plus récente (Paris, 11 février 1889 ; Nancy, 8 juillet 1893 ; Cass., 5 décembre 1891), reconnaît que l'article 2279 peut être invoqué. C'est ainsi qu'il a été jugé qu'à défaut par les demandeurs de prouver que la possession du défendeur est entachée de dol, fraude ou précarité (et cette preuve, nous le savons, peut être faite par tous moyens), et que s'il est, au contraire, établi que la remise des valeurs a été faite par le donateur, avec la volonté de se dépouiller actuellement et irrévocablement, le défendeur doit être déclaré propriétaire (Cassation, 12 août 1891).

Le fardeau de la preuve va donc reposer seul sur le demandeur, le défendeur n'aura qu'à opposer la maxime de l'article 2279. C'est ainsi que, dans le cas spécial où des valeurs qui ont appartenu à une personne décédée, mais ne se trouvant plus en sa possession au moment du décès, la prétention de celui qui les possède, à un don manuel, est admise par la jurisprudence lorsque les héritiers n'ont pu administrer la preuve de la non-existence de ce don manuel ; « alors, surtout, ajoute un arrêt de Cassation du 22 décembre 1891, que le don manuel est rendu vraisemblable par l'affection maternelle vouée par la *de cujus* à la donatrice qu'elle avait dotée et mariée ! »

Mais cette preuve que doit faire le demandeur, que doit-elle être ? Autrement, quels sont les vices qu'il doit reprocher à la possession du défendeur, vices de nature à démontrer l'inexistence du prétendu don manuel ?

Un arrêt récent, parmi tant d'autres, nous renseigne encore sur ce point :

La règle : « En fait de meubles, possession vaut titre », nous dit la Cour de cassation dans un arrêt du 18 décembre 1894, dispense le possesseur de toute preuve quant à son droit de propriété, lorsque cette possession a lieu *animo domini,* qu'elle est *paisible, publique, exempte de précarité et d'équivoque.* Un jugement plus récent encore a été rendu le 24 novembre 1897 par le tribunal de Perpignan (loi du 8 mars 1898).

Avant d'examiner en détail les différentes qualités que doit avoir la possession de celui qui invoque le don manuel et qui s'en tient à opposer la maxime de l'article 2279, faisons remarquer que cette théorie, qui laisse au défendeur un rôle passif et si facile à jouer, n'a pas été sans soulever d'énergiques objections. On dit d'abord « que l'article 2279 a pour objet de protéger la possession d'un meuble contre une revendication intentée par un tiers et non contre l'action de celui qui, ayant été, par lui-même ou par son auteur, partie à l'acte qui est la cause de la possession, attaque cet acte [1]. » Et M. Labbé ajoute : « La jurisprudence, qui admet la validité des dons manuels, serait moins dangereuse si elle exigeait du possesseur se prétendant donataire la preuve qu'il tient la chose ou le titre en vertu d'une livraison volontaire et libérale du propriétaire » ; mais l'éminent professeur dit cependant que « l'honnêteté se présume », qu'on ne saurait imputer au possesseur « un mensonge actuel et, dans le passé, une action illicite », sans fournir la preuve des dires que l'on avance. Ni le texte, du reste, ni l'esprit de l'article 2279 ne sauraient être invoqués en faveur de la théorie soutenue par M. Marcadé. Nulle distinction n'y est faite et son but est, comme nous l'avons montré dans nos considérations générales sur cet

[1] Marcadé, *Perception*, art. 2280, n° 3.

article, de prévoir les litiges malgré tout trop nombreux.

La possession, avons-nous dit, doit être tout d'abord exempte de *précarité*. Elle aura ce caractère lorsque le demandeur établira que le prétendu donataire a reçu la tradition de l'objet litigieux en vertu d'un contrat qui lui impose la restitution ; la preuve de ce contrat est assujettie aux règles du droit commun ; l'aveu, le serment de l'adversaire pourraient en faire preuve (Grenoble, 16 mars 1869). La preuve testimoniale ne pourra, par conséquent, s'exercer que jusqu'à une valeur de cent cinquante francs, à moins d'un commencement de preuve par écrit. L'interrogatoire sur faits et articles sera, lui aussi, un utile moyen ; de simples présomptions seront même suffisantes, mais à la condition que l'allégation du demandeur ne soit pas basée sur la prétendue existence d'un contrat, auquel cas la preuve par écrit serait exigée (Cassation, 5 août 1890[1]).

Mais si la prétention du demandeur se base sur l'existence d'un délit, tous les moyens de preuve seront alors autorisés en vertu de ce principe que la fraude fait exception à toutes les règles. C'est ainsi que l'ordonnance de non-lieu ne saurait faire obstacle à la restitution du don, car elle prouve simplement que le délit n'était pas suffisamment établi pour

[1] D. 91-1-21.

BOUILLARD

7

donner ouverture à l'action criminelle (tribunal de la Seine, 20 février 1890).

Le caractère équivoque de la possession est assurément le vice le plus intéressant à étudier, car il se présente sous mille formes différentes. Sans prétendre les énumérer toutes, on peut cependant les ramener à quatre ordres de faits que nous étudierons séparément :

A. La cohabitation du prétendu donataire avec le défunt.

B. Les particularités que peuvent présenter les actes du *de cujus.*

C. La gestion de la fortune de ce dernier.

D. L'attitude du prétendu donataire.

A. — *Cohabitation du donataire avec le défunt.*

La jurisprudence est unanime pour attacher à la cohabitation de celui qui invoque un don manuel, avec son prétendu donateur, l'effet d'une présomption qui donne à la détention du défendeur un caractère nettement équivoque. Cette circonstance ne peut pas, bien entendu, faire préjuger la question et indisposer le juge contre le défendeur, car elle peut être, au contraire, une des principales raisons du don manuel. Ce mode de libéralité n'est-il pas, en effet, le plus commode pour prouver la gratitude d'un malade pour celui qui lui prodigue ses soins avec dévouement [1], d'un maître pour le serviteur dévoué dont il veut récompenser les mérites. Mais cette circonstance doit, tout au moins, et ce, pour fermer la porte aux fraudes si nombreuses que nous avons montrées, mettre à la charge du défendeur la preuve de ses allégations. Ici, il ne pourra plus se retrancher derrière l'article 2279 comme dans une retraite inexpugnable.

Nous citerons à titre d'exemple et pour montrer l'application par la jurisprudence de cette idée que la cohabitation est une présomption de fraude, un jugement du tribunal de Villefranche du 16 avril 1886, confirmé par arrêt de la Cour de Lyon du 24 mars 1888. Il s'agissait de la contestation qu'élevaient les héritiers d'un sieur Claude-Gabriel Jal, afin de faire partager entre eux la propriété de six livrets de caisse d'épargne dont les fonds avaient été fournis et même versés par le défunt, et mis au nom de six neveux et nièces avec cette mention : « Par leur oncle Gabriel Jal », et sur lesquels le *de cujus* avait effectué lui-même et sous sa seule signature des retraits ; les neveux invoquaient, entre autres arguments à l'appui de leur prétention, d'avoir reçu du *de cujus* un don manuel, la maxime de l'article 2279 et prétendaient être dispensés de justification quelconque comme étant en possession des

[1] Voir un jugement du tribunal civil de la Seine, 5e chambre, du 17 juin 1899, affaire Duché contre veuve Dupré (*Gazette des Tribunaux* du 11 janvier 1900).

livrets ; le tribunal, qui admet les prétentions des demandeurs, s'exprime ainsi : « Attendu que l'article 2279 ne peut protéger qu'une possession *animo domini* : qu'il est constant que tous ou presque tous les neveux et nièces, défendeurs au procès, habitaient avec le *de cujus*, que les livrets se trouvaient dans son domicile au moment de son décès, qu'ils lui avaient appartenus et que même il avait effectué un retrait quelques mois avant sa mort ; que, dans ces conditions, la possession invoquée devrait être considérée comme entachée de précarité ; que ce serait, dès lors, à eux à établir l'origine de leur possession en justifiant de l'existence du don manuel... »

Cette théorie est un peu tempérée, comme nous l'avons indiqué, par la jurisprudence. Le jugement que nous allons rapporter en est un exemple frappant. Rendu par le tribunal de Toulouse le 13 février 1894 (loi du 25 août 1894), sur la prétention d'une domestique, veuve Costel, qui, lorsque les scellés furent apposés au domicile de son maître défunt, déclara avoir en possession un bon du Mont-de-Piété de Toulouse de 2.600 francs, dont elle revendiquait la propriété, comme lui ayant été donné par son maître défunt, il s'exprime ainsi : « Attendu, dit le jugement, que la dame Costel revendique la propriété du titre dont s'agit..., en basant sa prétention sur les dispositions de l'article 2279 et de l'article 1356, déclarant indivisible l'aveu judiciaire.

« Attendu, il est vrai, qu'on ne saurait appliquer sans restriction ni réserve les principes découlant de ces articles au profit d'une domestique cohabitant avec son maître et ayant tout à sa disposition ; que, de cette situation de fait peut résulter pour la possession un caractère équivoque excluant l'application de l'article 2279.

« Mais attendu qu'on ne saurait à l'inverse poser en principe absolu qu'un domestique à gage ne saurait, en aucun cas, bénéficier des dispositions de ce texte ; qu'il appartient aux tribunaux, alors surtout que le détournement et le recel sont allégués, de rechercher dans les circonstances de la cause si la détention des valeurs revendiquées est entachée de ces vices ou si leur possession est, au contraire, légitime et de nature à permettre l'application de la maxime : En fait de meubles, possession vaut titre... Attendu, dit plus loin le jugement, que Marianne Costel ne paraît point avoir cherché à éloigner du *de cujus* sa famille naturelle et à diminuer la fréquence et l'intimité de leurs relations... Attendu que Marianne Costel n'a point dissimulé la libéralité dont elle a été l'objet ; que c'est au moment même de l'apposition des scellés par le juge de paix et à la première question de ce magistrat qu'elle a produit le titre en question ; qu'elle a en outre indiqué la date du don en affirmant qu'après lui avoir payé ses gages pendant plusieurs mois, son maître lui avait dit : « Je ne veux plus te payer, je te récompenserai à la fin, tu seras contente. » Et le tribunal donna gain de cause à la donataire qu'il déclara bien et légitimement propriétaire. Ce système est consacré plus récemment encore par un arrêt de la Cour de cassation du 18 décembre 1894 (S. P. 95-1-136).

La jurisprudence a eu à s'occuper aussi d'une cohabitation plus intime encore que celle des parents ou des domestiques, celle de la concubine. Dans cette espèce, la présomption de fraude est aggravée encore par la nature illicite des relations, et les tribunaux, d'une manière à peu près constante, mettent à la charge de la défenderesse en possession la preuve du don qu'elle invoque, preuve sur laquelle ils se montreront très sévères et ils seront souverainement juges. Un arrêt rendu par la Cour de cassation, chambre des requêtes, le 15 avril 1890, sur le pourvoi formé contre un arrêt de la Cour d'Aix du 21 mai 1889, s'exprime ainsi : « Attendu qu'en induisant des faits que la demoiselle F... n'avait qu'une possession clandestine et précaire, qui ne l'autorisait pas à invoquer le bénéfice de l'article 2279, les juges du fond se sont livrés à une appréciation des faits de la cause qui ne sauraient relever du contrôle de la Cour de cassation.

Cette sévérité des tribunaux dont nous venons de parler n'exclut pas cependant qu'ils puissent proclamer la concubine légitimement propriétaire des valeurs trouvées entre ses mains. C'est ainsi qu'une espèce intéressante nous en montre l'exemple. Le colonel

Fournier, tué le 14 août 1870 à la bataille de Borny, avait remis à la demoiselle Paillot sa maîtresse, de laquelle il avait eu une enfant, divers titres au porteur en lui disant : « Voilà pour la dot de ma fille si je ne reviens pas de la guerre » et il l'avait autorisée à en toucher les coupons ; les héritiers prétendaient faire rentrer de la succession les valeurs litigieuses et mettre à la charge de la défenderesse la preuve de sa légitime propriété ; le tribunal, appréciant une circonstance de fait : la remise par le colonel à sa maitresse d'une somme de quatre mille francs inscrite sur son carnet et d'autre part l'inscription non rayée sur le même carnet des titres dont s'agit, décida que la demoiselle Paillot ne pouvait se retrancher derrière l'article 2279, « attendu, en effet, dit le tribunal, que l'article 2279 ne peut être invoqué par le détenteur de valeurs mobilières contre une action en revendication basée sur ce que sa détention aurait pour cause un délit ou un quasi-délit tel que le détournement commis au préjudice de l'ancien propriétaire des valeurs ; qu'en conséquence lorsqu'il est établi que les valeurs revendiquées par les héritiers contre un tiers qui les aurait détournées au détriment du *de cujus*, soit de son vivant soit après sa mort, appartenaient réellement à ce dernier, le détenteur est tenu de justifier d'une possession de bonne foi, c'est-à-dire d'un titre légitime d'acquisition, tel qu'un don manuel. » Mais, sur l'administration de cette preuve, le tribunal montre la plus grande largeur de vues et induit précisément de la durée des relations intimes, de la maternité de la défenderesse, des sentiments affectueux que le colonel Fournier avait toujours témoignés à la mère et la fille et enfin de toute l'horreur que lui inspire la supposition que la demoiselle Paillot ait pu profiter de l'absence ou de la mort du colonel pour dérober ces titres, qu'elle n'a pu commettre l'acte qui lui est imputé et que sa possession résulte bien d'un don manuel que lui confère la légitime propriété des titres litigieux.

Les tribunaux considèrent enfin comme n'ayant qu'une possession équivoque les personnes qui détiennent les objets litigieux en vertu d'un titre autre que celui de propriétaire. C'est ainsi que l'aubergiste ne saurait s'abriter derrière l'article 2279. La veuve ne saurait elle-même se retrancher derrière cet article, prétendît-elle même que « le don manuel lui avait été fait pour la couvrir de ses reprises dotales » (Cass. 13 mars 1882).

B. *Les particularités que peuvent présenter les actes du de cujus.*

Nous ne ferons que passer sur cette seconde classification, tellement les circonstances de fait y jouent un grand rôle et tellement est vaste le pouvoir d'appréciation des tribunaux. Ou bien il est prouvé que le

défunt avait une tendresse égale et une égale affection
pour chacun de ses héritiers et qu'il n'avait pu avoir
le dessein d'avantager l'un d'eux (Paris 25 mars 1876),
ou bien que les libéralités faites au prétendu bénéficiaire
d'un don manuel étaient déjà suffisamment impor-
tantes pour que le défunt n'ait pas eu encore à les
accroître (Paris, 3 juillet 1875).

C. *Gestion de la fortune du* de cujus.

Les tribunaux trouvent encore un indice du caractère équivoque de la détention dans le fait que le
défunt a touché régulièrement jusqu'à sa mort les
coupons ou les arrérages des valeurs litigieuses (tribunal de la Seine, 26 janvier 1887). La réciproque est
vraie et le défendeur qui alléguera avoir touché régulièrement les coupons et fait ainsi acte de propriétaire
établira en sa faveur une très forte présomption qu'il
n'appartiendra qu'au demandeur de détruire.

D. *Attitude du prétendu donataire.*

Encore là une série de circonstances de nature à
influencer gravement la décision des juges ; le défendeur, par exemple, loin d'avoir une attitude franche
et loyale, loin d'avoir, comme cette domestique que
rapporte le jugement du tribunal de Toulouse que nous
avons cité plus haut, déclaré les valeurs en ajoutant

qu'elles lui étaient acquises par don manuel, en a caché la détention et n'a invoqué le don manuel qu'après une plainte en détournement déposée contre lui (Amiens, 27 octobre 1892).

Il nous reste à examiner la manière dont doit être administrée par le défendeur en possession, la preuve du don manuel lorsque les circonstances de fait ont mis cette preuve à la charge.

Nous avons dit, dans nos considérations générales sur notre sujet, que le système de la jurisprudence était de respecter les dispositions de l'article 1341 du Code civil et d'exiger une preuve écrite ou un commencement de preuve par écrit lorsque le don manuel allégué excédait 150 francs. Nous nous sommes efforcé de montrer quels étaient les inconvénients de ce système et combien il était peu en harmonie avec l'idée et la définition même du don manuel. Nous ne nous y appesantirons pas plus longtemps. Mais nous devons citer une troisième théorie, qui, sur ce point, s'est fait jour récemment. Il s'agit d'un arrêt de la Cour de cassation en date du 9 août 1887 rendu sur le pourvoi formé contre un jugement du tribunal civil d'Annecy du 20 avril 1883 (D. 88-2-133) qui, tout en s'appliquant à une espèce où la preuve incombait au donateur, conserve une portée générale : « attendu, dit l'arrêt, que la demande formée par Daviet père contre Louise Filliard, femme Richard, avait pour objet de faire condamner celle-ci, par application de l'article

1088 du Code civil, à lui restituer des bijoux d'une valeur de 420 francs qu'il prétendait lui avoir donnés de la main à la main en considération d'un mariage projeté mais non réalisé entre elle et Daviet fils ; qu'en défense à cette réclamation la femme Richard a passé un aveu judiciaire par lequel elle déclare, sous réserve de l'indivisibilité de l'aveu, que les bijoux lui avaient été remis par Daviet fils, qui s'était engagé envers elle à n'en pas réclamer la restitution et à les lui abandonner en réparation du préjudice que lui avait causé la rupture du mariage ; que, cependant, le jugement attaqué a décidé qu'elle serait tenue de les rendre ou leur valeur, à Daviet père, par ce motif qu'il était établi par les pièces que celui-ci produisait, qu'il avait lui-même acheté ces objets, d'où le dit jugement a tiré cette présomption que le sieur Daviet était le donateur ; attendu, en droit que, la preuve du don manuel est soumise aux dispositions générales de la loi en matière de preuve et que, si les formalités exigées par l'article 931 du Code civil ne sont pas nécessaires pour la validité des donations de ce genre, il ne s'ensuit pas que le *donateur ou le donataire soient dispensés*, le cas échéant, *d'en établir l'existence par les moyens légaux de preuve autres que la preuve littérale...* » Les dispositions de cet arrêt sont, nous en convenons, assez obscures, mais l'interprétation qu'on en peut faire est, à nos yeux, celle-ci : la preuve littérale du don manuel est exclusive de ce dernier mode de disposer ;

les juges ne sauraient donc l'exiger. Mais à part cette preuve, le donateur ou le donataire doivent employer des moyens légaux de preuve, qui sont, soit le serment soit l'aveu judiciaire, soit encore la preuve testimoniale ou par présomption, mais encore à la condition que, si le litige dépasse 150 francs, elles soient corroborées par un commencement de preuve par écrit.

2⁰ *La possession du prétendu donataire n'est pas constante en fait.*

Mais supposons maintenant que la possession du défendeur n'est pas un fait acquis. Le demandeur qui a, par exemple, constaté que certains objets qu'il croyait trouver dans la succession ne se sont pas rencontrés, conçoit des doutes. Il devra alors prouver, comme dans l'action *ad exhibendum,* ainsi que le fait remarquer M. Bressolles[1], que le défendeur détient les objets litigieux.

Mais cette preuve, fort difficile à établir et qui ne roulera jamais que sur des circonstances de fait, s'appuiera, la plupart du temps, sur l'aveu qu'aura fait le défendeur. Cet aveu, par hypothèse, se compliquera de la circonstance que le défendeur invoque un don manuel. Nous le ferons rentrer, sans hésitation possible, dans la catégorie des aveux complexes, par

---

[1] Bressolles, *op. cit.,* n· 265.

opposition à l'aveu simple et à l'aveu qualifié. Nous savons que seule, sur la catégorie des aveux complexes, la théorie de l'indivisibilité est discutée. La première question qu'il importait donc aux tribunaux de résoudre est celle de savoir si l'article 1356 pouvait être invoqué par le défendeur qui fait l'aveu de sa possession, mais qui ajoute qu'elle résulte d'un don manuel. Un premier système, beaucoup trop radical à notre avis, consiste à proclamer l'indivisibilité d'un tel aveu et à en conclure que le demandeur ne peut pas non seulement en scinder les déclarations, mais même contester la totalité de l'aveu ; ce système créerait au profit du défendeur une situation préférable encore à celle qu'il aurait s'il invoquait purement et simplement l'article 2279 (Paris, 20 février 1851). Un second avis cherche, tout en proclamant l'indivisibilité, à disjoindre, dans le genre d'aveu qui nous occupe, la première partie d'avec la seconde. Il prétend que les deux faits, la possession d'une part et le don manuel allégué de l'autre, ne sont pas liés d'une façon suffisamment intime, qu'ils n'ont pas un rapport de connexité suffisamment grand pour qu'ils ne puissent être pris et discutés séparément[1]. Il nous semble qu'entre ces deux systèmes une théorie mixte s'impose ; en effet, pourquoi, d'une part, le défendeur, par son aveu, pourrait-il se créer une situation plus favorable que

[1] Claude, p. 164.

s'il s'en tenait à l'invocation pure et simple des dispositions légales ; et, d'autre part, pourquoi chercher, par un raisonnement d'une subtilité trop évidente, à séparer deux parties d'une déclaration qui, quoi qu'on en prétende, forment un tout?

Nous concluons donc que l'aveu doit être pris pour ce qu'il est, mais que le demandeur a tout le loisir de contester sa sincérité, d'apporter la preuve des allégations qu'il formule et de montrer qu'il n'a pu être question d'un don manuel. Inutile de dire que ce système, le plus logique, a été adopté par la jurisprudence dans de très nombreux arrêts[1].

Nous citerons un exemple tiré d'un arrêt de la Cour d'appel de Paris du 26 janvier 1881, où l'aveu d'avoir reçu, mais à titre de don manuel, est déclaré indivisible ; M. Bodin avait formé contre la communauté, dite Congrégation de la Nativité, une demande en restitution de la dot apportée par sa sœur, Mlle Virginie Bodin, en religion sœur Sainte-Eusèbe. La supérieure fit l'aveu judiciaire que la communauté avait reçu de cette sœur une dot de 20.000 francs et qu'elle avait en outre bénéficié d'une somme de 28.115 fr., qui lui avait été remise manuellement par la *de cujus*. « Considérant, dit l'arrêt, qu'il ressort des faits et actes, l'aveu judiciaire de l'existence d'un contrat de dot, conclu et consommé, aveu passé et lié entre les parties et, en

---

[1] Cass., 25 avril 1853; D. 58-1-165 ; Cass., 9 décembre 1884; D. 85-1-365.

même temps, indivisible du chef de la dame appelante (la supérieure) ; considérant, dit-il plus loin, que les dons manuels, en leur forme, sont donc constants ou privés, qu'ils échappent comme tels à la rigueur des règles de la loi civile sur la matière des donations entre vifs par écrit... » La Cour débouta, en conséquence, le demandeur, mais imposa à la Congrégation l'obligation, conformément à la loi du 24 mai 1825, d'obtenir l'autorisation administrative d'accepter les dons dont elle était bénéficiaire (D. 82-2-105).

Le système mixte que nous avons préconisé est appliqué dans un arrêt rendu par la Cour de cassation le 24 avril 1866. Une demoiselle Remps, domestique d'un sieur Andriot, avait déclaré que son maître, quelques jours avant sa mort, lui avait remis deux titres de rente 3 o o au porteur, d'ensemble 405 francs. Actionnés par les deux filles du *de cujus*, ses héritières, le tribunal de Gray débouta ces derniers de leur demande. La Cour de Besançon, par un arrêt du 24 juin 1865, infirmait ce jugement en déclarant que la fille Remps, qui avait la libre disposition des clefs, ne pouvait, si elle avait ces titres entre les mains, les posséder que pour lui ; qu'elle ne devait pas, en conséquence, se retrancher derrière la maxime de l'article 2279, à moins de justifier de l'acte à titre gratuit par lequel elle serait devenue propriétaire et qu'elle n'appuyait cette prétention par aucun témoignage. Un pourvoi ayant été formé par la demoiselle Remps, qui

s'appuyait entre autres moyens sur la violation de l'article 2279 et la division qui avait été opérée de son aveu, la Cour de cassation rendit l'arrêt suivant :
« Attendu que l'arrêt attaqué a considéré, d'une part, qu'il est établi que les titres de rentes au porteur qui font l'objet du procès avaient été acquis par Andriot et que ces titres étaient au jour de son décès dans sa maison ; que la fille Remps, qui, en qualité de domestique à gages, habitait avec lui et lui a donné ses soins dans sa dernière maladie, avait la libre disposition des clefs, même de celle du secrétaire où ces titres étaient déposés ; qu'Andriot, à sa mort, possédait donc ces titres comme ses autres meubles et que sa domestique, si elle les avait dans ses mains, ne les possédait que pour lui ; que, d'autre part, l'arrêt attaqué a considéré que la prétention de la fille Remps qu'Andriot, quelques jours avant son décès, lui aurait donné ces titres de la main à la main, se trouve combattue par de nombreuses présomptions.

« Attendu qu'il résulte de ce qui précède qu'en déclarant que les titres de rente dont il s'agit appartiennent à la succession Andriot et en condamnant la fille Remps à les restituer à ses héritiers, la Cour de Besançon s'est fondée sur des circonstances de fait qu'il lui appartenait de constater et d'apprécier souverainement ; qu'en jugeant ainsi, elle n'a pu violer l'article 2279, qui devenait sans application à la cause dès lors qu'il est établi que la demanderesse n'avait pas la possession des titres dont il s'agit ; qu'elle n'a pu, non plus, violer l'article 1356 du même Code, puisqu'elle n'a pas fondé ses décisions sur les aveux de la demanderesse, mais sur un ensemble de présomptions prises en dehors de ces aveux. » Rejette ce moyen.

La Cour de cassation a donc posé en principe dans cet arrêt que, tout d'abord, le demandeur ne devait pas être arrêté, comme le prétend la première théorie, dans ses investigations par l'aveu du défendeur et par l'indivisibilité que ce dernier prétend y attacher ; le demandeur peut prouver, par toutes sortes de moyens et, notamment, par des présomptions graves, que la situation que cherche à se faire le défendeur, par l'effet de son aveu, était impossible en fait ; elle a déclaré ensuite que le juge pouvait, lui aussi, ne pas s'arrêter à l'aveu et, au moyen des mêmes circonstances de fait, en apprécier la valeur et refuser au défendeur le bénéfice de la maxime de l'article 2279. Nous ferons remarquer, du reste, que le demandeur fait ici la preuve du manque de sincérité de l'aveu et que faire cette preuve n'est pas le diviser, ce qui laisse à penser que le premier système reposerait donc sur une confusion de mots.

Mais alors, dira-t-on, quel intérêt peut avoir le défendeur qui a fait un aveu de ce genre à l'invoquer ? Il est vrai, en effet, que l'article 1356 sera rarement une protection pour lui, mais il est cependant des cas où cet aveu pourra lui être d'un grand

secours ; celui-ci entre autres : si, après avoir été
détenteur précaire, le défendeur prétend qu'il a reçu
l'objet litigieux à titre de don manuel : quoiqu'empêché de pouvoir se retrancher derrière l'article 2279, sa
possession étant entachée de précarité, il pourra bénéficier des dispositions de l'article 1356 et, invoquant
l'indivisibilité de son aveu, mettre à la charge du
demandeur la preuve que son aveu est mensonger.

3º Cas où le donataire n'est pas en possession.

Il semble, à première vue, que l'hypothèse sous
laquelle nous plaçons ce troisième paragraphe soit
impossible. Nous avons dit, en effet, que pour que le
don manuel soit parfait, il fallait, outre le concours des
volontés, la tradition, c'est-à-dire la mise en possession effective du donataire par le donateur.

Il existe cependant des cas où notre hypothèse se
réalise. Par exemple, celui-ci : le donataire, après
avoir reçu du donateur, à titre de don manuel, les
objets litigieux, les lui a remis ensuite à titre précaire ;
ou bien encore, ils lui ont été soustraits frauduleuse-
ment par le donateur. Les objets se retrouvent alors
dans la succession de ce dernier, et les héritiers prétendent les conserver. Dans le premier cas, c'est-à-
dire, lorsque le donateur n'était plus que détenteur
précaire, il nous semble que le donataire a seulement
à établir la remise qu'il a faite de l'objet litigieux au

prétendu donateur, mais à titre précaire, car il est évident que si le prétendu donateur a accepté à un moment donné cette remise dans les conditions que nous supposons, il a reconnu que le donataire en était bien et légitimement propriétaire ; il ne saurait donc plus, lui ou ses ayants-cause, être admis à contester cette propriété, quel que soit le moyen opposé.

Nous ne voyons donc pas qu'en l'espèce, il y ait lieu à preuve du don manuel, et nous ajoutons même que nous ne pouvons admettre que la preuve de l'inexécution du don manuel puisse être permise au demandeur. Nous sommes, sur ce point, en contradiction avec M. Bressolles, qui prétend, mais sans développer son idée, que les deux séries de preuve doivent être administrées consécutivement [1].

Mais, dans le second cas, la preuve qu'administrera le donataire sera double. Il n'a pas '' ressource qu'offrait le droit romain de l'interdit ꝛ   *'tis :* il ne peut pas, introduisant une acti impossible en matière mobilière, faire au. sort de la possession, se la faire pendant le procès jouer ainsi le rôle de défendeur. Le donataire devra donc, avant même de démontrer le délit dont s'est rendu coupable le donateur à son égard, prouver qu'il était légitime propriétaire de l'objet litigieux, c'est-à-dire prouver l'existence du don manuel.

---

[1] Bressolles, *op. cit.*, n° 273.

La même question, quant au mode de preuve du don manuel, se pose ici, et nous avons vu comment la jurisprudence des Cours d'appel l'a résolue en imposant, d'une façon trop rigoureuse, nous l'avons dit, lorsque le don manuel excède 150 francs, la preuve par écrit ou en n'autorisant la preuve par présomption ou par témoin, que lorsqu'elle est accompagnée d'un commencement de preuve par écrit.

Nous pouvons citer, à ce sujet, une espèce intéressante ; une demoiselle Rémond prétendait, dans la succession d'un sieur Lalesque, père, entre autres choses, à la propriété de trente-deux obligations du Crédit Foncier, qu'elle reconnaissait avoir été achetées par le *de cujus*, mais pour elle et avec l'argent que Lalesque lui avait remis à titre de don manuel ; elle appuyait sa prétention sur cette circonstance que les titres étaient entourés d'une bande sur laquelle étaient écrits les mots : « Appartenant à Jeanne Rémond ». Cette espèce rentre bien, croyons-nous, dans les cas que nous exposions sous ce paragraphe, à savoir la détention par le prétendu donateur des objets litigieux, au nom et pour le compte du prétendu donataire ; le tribunal de Bordeaux, par un jugement du 16 août 1871, repoussa les prétentions de la demoiselle Rémond ; ce jugement fut confirmé par la Cour, et la Cour de cassation [1] rejeta le pourvoi en décla-

[1] Cass., 27 avril 1874, D. 14-1-318.

rant que la mention mise par le *de cujus*, « était l'œuvre unilatérale de sa volonté, et ne présentait aucun caractère contractuel », mais, cependant, elle attribue à cette mention le caractère de commencement de preuve par écrit qui aurait pu autoriser la demanderesse à faire la preuve testimoniale de ses prétentions, si les documents de la cause n'avaient pas contredit, d'une façon formelle, les allégations qu'elle apportait. Et c'est aussi notre avis ; cette mention, quoiqu'elle ne soit, ainsi que le dit l'arrêt, l'œuvre unilatérale de la volonté du donateur, n'en constitue pas moins un indice, une présomption très graves, en faveur de celui qui l'allègue et, dans ce cas, si les circonstances de la cause n'avaient pas été défavorables à la demanderesse, il nous semble, suivant l'opinion que nous émettions tout à l'heure, que cette reconnaissance du *de cujus* eût été un appoint fort grand à la preuve de la détention de ce dernier à titre précaire et que cette preuve, irréfutablement établie, il n'en restait pas d'autre à faire, car elle établissait à l'évidence que la demanderesse était légitime propriétaire des titres. Il a été jugé de même par un arrêt de la Cour de Paris du 26 janvier 1867 que la note non signée attachée à un titre au porteur écrite par la personne qui le détenait et contenant déclaration que ce titre appartenait à un tiers, constitue un commencement de preuve par écrit.

Du constitut possessoire.

Une question vient encore se poser sur la détention précaire du prétendu donateur ; c'est celle du constitut possessoire en matière de don manuel. Nous savons que le constitut renferme un acte double : d'une part, la transmission d'une chose par une personne à une autre à titre de propriétaire et, d'autre part, la retransmission immédiate de cette chose de la seconde personne à la première, mais à titre précaire, les deux traditions sont censées accomplies, mais, en réalité, l'objet ne change pas effectivement de mains, c'est simplement la qualité de son propriétaire originaire qui se transforme en pure détention. Ce qui est possible pour tout acte, vente, donation ou autre, ne l'est-il pas aussi pour le don manuel ? en d'autres termes, celui qui veut gratifier une personne par un don manuel, ne peut-il pas se réserver, et cela, du consentement même du donataire, durant un temps déterminé ou jusqu'à sa mort, la détention de l'objet donné ? Nous inclinerons facilement vers l'affirmative ; il est vrai qu'on va nous opposer que le don manuel comme la donation doit être actuel et irrévocable, mais son actualité n'existe-t-elle pas malgré tout dans le cas qui nous occupe ? le concours des volontés ne s'est-il pas établi ? le donateur a bien entendu réaliser un don, et le donataire l'accepter, et, si nous admettons, dans certains cas, la possibilité de la tradition *brevi manu*, alors qu'il s'agit de contrats que régit la loi, auxquels elle impose des formes déterminées, pourquoi ne l'admettrions-nous pas lorsqu'il s'agit du don manuel qui, lui, est affranchi de toutes règles, de toute rédaction d'acte. L'irrévocabilité nous semble, elle aussi, résulter de l'acte du donateur lui-même : de propriétaire qu'il était, il a entendu transférer cette propriété au donataire, et ne conserver que la détention de l'objet ; cette décision est, à notre sens, tout aussi irrévocable que si le don manuel avait été pur et simple, la fiction de la loi, qui s'interpose, dans certains cas, doit ici encore produire son effet et la double tradition doit être considérée comme s'étant opérée.

Une objection qui paraît plus sérieuse peut être formulée contre notre théorie ; on l'accuse d'avoir pour conséquence de faire reconnaître comme valable la simple promesse de donation, puisque toute personne, dit-on, qui convient de donner un meuble, se constitue dépositaire pour le donataire. Mais c'est là, il nous semble, chercher à produire une confusion ; autre chose est le constitut possessoire qui porte sur un don manuel et le suppose réalisé et définitif, autre chose est la promesse qui, loin de transformer la propriété du donateur en une simple détention, lui laisse, au contraire, cette propriété tout entière et qui, en admettant même qu'elle soit reconnue valable, ne créerait au profit de celui envers qui elle a été faite qu'une simple action personnelle tendant à l'exécution de la promesse et non une action réelle tendant à la restitution de la chose elle-même.

Il est bien certain qu'un constitut possessoire établi pour un don manuel, sera chose difficile à prouver. nous avons voulu raisonner sur une pure hypothèse, mais il nous semble que la preuve n'en serait pas impossible et, puisque la jurisprudence exige des preuves écrites, pourquoi ne serviraient-elles pas à établir les deux actes juridiques dont arguerait le donateur?

La jurisprudence s'est montrée longtemps fort indécise sur la question de la validité du don manuel avec réserve d'usufruit. Un arrêt de la Cour de cassation du 28 février 1865 (D. 65-1-221) a déclaré nulle une donation avec réserve d'usufruit en se basant sur les dispositions de l'article 944 du Code civil.

Cette même manière de voir a été admise par un arrêt de la Cour de Paris du 9 mars 1878 qui a annulé un tel don, en considérant que « la réserve faite par le donateur de la jouissance pendant sa vie des rentes ou obligations qu'il avait données prouve d'une manière incontestable qu'il n'a pas entendu se dessaisir actuellement et complètement de la chose donnée, laquelle ne devait appartenir aux donataires qu'après sa mort ».

Mais les arrêts qui, comme ceux-ci, voient dans la réserve de jouissance une atteinte au principe de l'actualité et de l'irrévocabilité des donations sont relativement peu nombreux ; la jurisprudence de la Cour

de cassation s'est en effet modifiée depuis l'arrêt de
1865 et c'est ainsi que le 11 août 1880 un arrêt de la
chambre des requêtes a déclaré « que rien ne s'oppose à
à ce que la transmission de la propriété d'un titre au
porteur par la tradition soit soumise à des charges
ou à des conditions, et, par conséquent, à ce que
celui qui, par cette tradition, est investi de la propriété d'un titre au porteur en laisse l'usufruit ou les
revenus à celui de qui il les a reçus et qui se les est
réservés ». La Cour de cassation a, du reste, persisté
dans cette jurisprudence qui corrobore la théorie que
nous avons soutenue[1].

§ 2. — Preuve du don manuel par le donateur lui-même.

L'utilité de cette preuve se comprendra d'elle-même
lorsque nous aurons rappelé que, si les dons manuels
sont dispensés des conditions de forme qu'impose la
loi aux donations, ils restent soumis aux conditions
de fond qui régissent celles-ci ; ce sont, pour les
reprendre dans l'ordre où les édicte le Code civil, les
conditions relatives au mineur qui ne peut disposer,
par donation, au mineur devenu majeur qui ne peut
disposer par donation à l'égard de son tuteur si le
compte de tutelle n'est pas rendu, les restrictions
quant aux enfants naturels, le rapport, la réduction,

[1] Cass. 11 août 1880 (D. 80-1-461). Cass. 15 nov. 1881 (D 82-1-67).

les trois cas de révocation pour ingratitude, inexécution des charges et survenance d'enfant et enfin les cas de nullité qui pèsent sur tous les contrats quels qu'ils soient, l'erreur, le dol et la violence. Il est certain que le donataire en possession contre lequel on voudra user de l'une des armes que met la loi aux mains du donateur, cherchera tout d'abord soit à cacher sa possession ou, s'il ne le peut pas, à nier l'existence du don manuel. Le donateur aura donc à faire deux preuves : 1° celle de la possession du prétendu donataire; 2° l'existence même du don.

La première de ces preuves sera, en pratique, fort difficile à faire, mais elle pourra être administrée par tous les moyens, car il s'agit d'un fait purement matériel et il est certain que les dispositions de l'article 1341 ne sauraient intervenir ici. Ce point n'a jamais fait de doute pour personne. Cette preuve résultera le plus souvent de l'aveu du défendeur, aveu généralement accompagné de la déclaration qu'il possède par suite d'un don manuel. Nous avons examiné plus haut les différents systèmes émis par les auteurs et suivis par la jurisprudence sur l'indivisibilité de l'aveu en matière de don manuel, nous ne reviendrons donc pas sur cette question.

Supposons, au contraire, que par un moyen quelconque le demandeur soit arrivé à prouver que le défendeur était en possession, contre les dénégations de ce dernier qui se trouve être ainsi pris en flagrant

délit de mensonge. Quelles seront les conséquences de
cette preuve? en d'autres termes dispensera-t-elle de
demander d'en prouver plus et notamment d'établir
l'inexistence du don manuel? Malgré l'avis de certains auteurs qui cherchent une analogie entre notre
cas et celui de la répétition de l'indu et en tirent cette
conséquence que cette première preuve faite sera
suffisante, nous pensons que les dénégations du défendeur quoique dûment constatées ne changent rien
à sa situation. Il sera, malgré tout, en possession et
comme tel il pourra invoquer toujours le bénéfice de
l'article 2279. Pourquoi donc une considération de pur
fait, celle de l'avoir convaincu d'une déclaration
fausse, pourrait-elle modifier une situation juridique?
La loi ne distingue pas et sa maxime est générale. Il
est bien certain que le demandeur aura beau jeu à
montrer combien est équivoque cette possession ca-
chée et niée, mais il ne pourra cependant pas empêcher qu'elle soit; aidé par ce premier caractère, il
puisera dans les circonstances de la cause un argument de plus à sa preuve de l'existence du don manuel et des conséquences auxquelles voulait se soustraire le défendeur. Mais encore une fois nous pensons
que cette dernière preuve c'est à lui qu'en incombera la
charge.

Un autre cas encore peut se présenter : le défendeur

---

[1] Demolombe, Code civil, t. XXXI.

peut déclarer spontanément qu'il possède, mais se refuser à dire en vertu de quel titre ; nul ne peut l'obliger à faire cette déclaration, et il va donc incomber au demandeur de faire la preuve que c'est par don manuel. De quelle manière et par quels moyens pourra-t-il administrer cette preuve ? Nous trouverons encore ici dans la jurisprudence la solution de cette question. Une première série d'arrêts pose en principe que cette preuve est soumise aux exigences de l'article 1341 et ne peut être faite par témoins ou présomptions, à moins, cependant, d'un commencement de preuve par écrit. C'est ainsi que, dans un arrêt de la Cour de Paris du 22 janvier 1850 (D. 50-2-27), où le demandeur soutenait qu'un don manuel avait été fait à une fabrique qui n'avait pas été autorisée à le recueillir, la Cour décida que la preuve ne pouvait être ordonnée par témoins, mais seulement parce qu'il y avait commencement de preuve par écrit.

Un autre arrêt, beaucoup plus récent, pour n'en citer que deux, rendu par la Cour de Grenoble le 14 juin 1887 (*Gaz. du Pal.*, 87-2-314), confirme cette jurisprudence. Mais il est à remarquer que dans la série d'arrêts dont nous venons de parler, les demandeurs étaient, ou bien le donateur lui-même, ou ses héritiers, mais agissant comme substitués à leur auteur. C'est, par exemple, le donateur ou bien les héritiers qui demandent la révocation du don pour une des causes prévues par le Code civil. Une deuxième série d'arrêts déclare, au contraire, que cette même preuve pourra être faite par tous moyens et, notamment, par témoins et présomptions. C'est ainsi qu'un arrêt de la Cour de cassation du 18 mars 1872, rendu dans des circonstances que nous allons rapporter, applique ce principe : un père avait, par don manuel, avantagé son fils naturel au détriment de son fils légitime et lui avait fait don d'une somme d'argent excédant celle dont il lui était permis par la loi de disposer en sa faveur. Le fils légitime intenta contre l'héritier naturel une demande en restitution, et la Cour de cassation déclara « que cette libéralité constituait une fraude à la loi »; l'arrêt a admis à bon droit, pour en établir l'existence, les présomptions et la preuve testimoniale, « parce que le refus de recevoir cette preuve, en pareil cas, aurait pour résultat de consacrer la spoliation de la famille au profit de celui de ses membres qui reçoit l'objet des préférences abusives du père ou de la mère».

Un arrêt plus ancien de la Cour de cassation, rendu le 12 août 1844, sur une question de rapport, a fait application du même principe.

Cette seconde série d'arrêts s'applique, à l'encontre de la première, à des demandeurs qui agissent non plus comme donateurs ou comme représentants du donateur, mais en leur nom personnel, comme demandant, par exemple, la restitution, la réduction ou le rapport.

Nous en concluons donc et, pour formuler une

règle que la jurisprudence a toujours respectée, que la preuve du don manuel par le donateur ou son représentant devra être faite par écrit et ce, parce que celui-ci, présent à l'acte, a dû en conserver des preuves évidentes ; tandis qu'au contraire, la preuve faite par des héritiers, successeurs étrangers à cet acte, sera valablement administrée par des témoignages.

Avant d'abandonner cette question, remarquons que, dans ce dernier cas, ainsi du reste que l'indique l'arrêt du 18 mars 1872 que nous avons cité, il s'agira presque toujours d'une fraude tentée contre la loi et que, suivant le droit commun et sans considération de personnes, cette fraude pourra se prouver par tous moyens ; mais hâtons-nous d'ajouter que cette fraude n'est pas nécessaire. M. Labbé, qui commente un arrêt de la Cour de Caen du 28 mai 1879 (S. 80-2-281), où toute question de fraude est absente, nous dit : « L'héritier, en tant qu'il agit pour avoir sa réserve intacte, exerce un droit qui lui est propre, un droit auquel le défunt n'a pu, par avance, porter aucune atteinte, il en résulte que l'héritier réservataire n'ayant pu, lui personnellement, se procurer une preuve écrite des dons manuels faits par son auteur, est recevable à prouver leur réalité par tous moyens de preuve afin d'arriver à la fixation de sa réserve. Il a été étranger à l'acte, il a les droits d'un tiers. »

CHAPITRE III. — **Preuve du préciput dans le don manuel.**

Nous avons dit au commencement de ce chapitre que le don manuel était soumis aux conditions de fond des donations et nous avons montré qu'un arrêt statuait sur une question de rapport ; cela nous conduit à aborder une question importante qui se rattache à notre étude ; celle du préciput en matière de don manuel et de la manière dont il doit être prouvé.

Nous trouvons dans un auteur ancien un passage assez net qui traite de cette question : Salviat[1] nous dit en parlant du don manuel : « Malgré qu'un don de ce genre soit valable en lui-même, par le seul effet de la tradition, il n'en résulte pas qu'il soit affranchi du rapport, s'il a été fait après la disposition de la quotité disponible, ou s'il a été fait à des personnes qu'on ne pouvait pas avantager, autrement il en résulterait que celui dont la fortune serait toute mobilière pourrait la faire passer par la tradition manuelle dans les mains d'une personne prohibée ; la loi ne peut être impunément éludée de cette manière. Cependant s'il ne s'agissait que de quelques bijoux ou objets mobiliers qu'on peut supposer être un témoignage de reconnaissance ou un signe d'amitié, il n'y aurait pas lieu au rapport,

---

[1] Salviat, *Jurisprudence du Parlement de Bordeaux*, t. I, p. 123.

mais dans le cas contraire, cette donation serait, comme
toute autre, réputée faite en fraude de la loi et sujette
à être annulée dans ses effets ». Ce passage résume à
tel point la jurisprudence actuelle qu'on pourrait
croire que les tribunaux ne se sont uniquement inspirés que de lui. On ne peut guère citer en effet que
deux arrêts qui considèrent le don manuel d'après sa
forme même comme excluant l'idée d'une dispense de
rapport. L'un de la Cour de Bordeaux du 2 mai 1831
déclare que le don manuel est ainsi fait par préciput
quand il n'y a aucun acte qui le constate, parce qu'on
doit supposer que si le donateur ne l'avait fait qu'à la
charge de rapport, il l'aurait constaté de façon à assurer
l'effet de sa volonté ; le second arrêt a été rendu par la
Cour de Poitiers le 3 décembre 1862 et admet la
même théorie. Ces arrêts ont fait l'objet de critiques
très vives des auteurs ; M. Colin, parlant de l'arrêt de
Poitiers, déclare qu'appliquer ce système « c'est
admettre sans texte une présomption légale directement contraire à la présomption que consacre l'article 843 du Code civil ».

Le même arrêt de la Cour de cassation du 12 août
1844, que nous avons cité plus haut, déclare au contraire que « les dons manuels et occultes ne peuvent,
pas plus que les donations déguisées, être de plein droit
et nécessairement dispensés de rapport ou imputables
sur la quotité disponible ». Cet arrêt a été suivi de
nombreux autres qui consacrent d'une façon cons-

tante le principe que les dons manuels ne sont pas dispensés *ipso jure* du rapport, mais qu'il faut, au contraire, que cette dispense de rapport résulte claire-ment de la volonté du donateur.

Avant d'examiner comment celui qui invoque la dispense de rapport dont il prétend faire accompagner le don manuel dont il est bénéficiaire, devra faire la preuve de ses assertions, nous dirons tout de suite que la rigueur de ce principe fléchit sur un point : lorsqu'il s'agit de présents d'usage. Cela est du reste tout na-turel : nous avons dit, en effet, que les dons manuels étaient sujets aux mêmes conditions de fond que les donations, et l'article 852 du Code civil doit donc s'ap-pliquer aux dons manuels aussi bien qu'il s'applique aux donations ; mais l'application de cet article pour-rait engendrer un abus : partant de cette idée que les présents d'usage sont généralement choses ne repré-sentant pas une grande valeur, eu égard à la fortune du donateur, on a voulu en induire que les dons ma-nuels de sommes modiques devaient être aussi dis-pensés du rapport. Il est certain qu'on doit rejeter cette prétention qui, du reste, manque de précision, car à quel chiffre s'arrêteraient les dons dispensés du rapport ? ce point est laissé à l'arbitraire. Signalons cependant que cette question fut débattue lors de la discussion du chapitre VI du titre I du Livre III du Code civil et qu'un avant-projet de Cambacérès avait même fixé à deux mille francs le maximum des dons dispensés de rapport ; il est, à ce sujet, curieux de remarquer qu'il avait bien été question des dons manuels et que cependant rien dans la rédaction du Code n'en révèle l'existence. Disons, avant de terminer, sur ce point, qu'un arrêt de la Cour de Montpellier du 11 juin 1846 admet cependant cette extension, « attendu, dit-il, que si la doctrine et la jurisprudence admettent quelque modification à cette règle (celle du rapport des dons manuels), ce ne peut être que pour les dons de sommes modiques, provenant en effet de simples revenus du donateur et contemporains de la perception de ces revenus ; auquel cas ces sortes de dons manuels peuvent être assimilés aux présents d'usage que l'article 852 dispense en effet du rapport ». Cet arrêt est le seul du reste que l'on puisse citer en ce sens.

Plusieurs systèmes se trouvent en présence quant à la manière d'administrer la preuve du préciput dont jouit un don manuel.

Le premier, qui est celui que la jurisprudence a toujours appliqué, consiste à permettre de prouver la dispense de rapport sans preuve écrite et en se fondant simplement sur les circonstances de la cause. Cette dispense est, pour la jurisprudence, une pure question de fait que les juges du fond apprécient souverainement et ils peuvent baser leur conviction sur de simples présomptions. C'est ainsi qu'un arrêt de la Cour de cassation du 19 novembre 1861 (D. 62-1-340) décide

qu'il appartient au juge du fait de rechercher et de
contrôler quelle a été en réalité la volonté du donateur
et qu'un arrêt ne peut avoir violé soit l'art. 843, soit
l'art. 919 du Code civil parce que la Cour a recherché
dans les documents de la cause et dans les papiers de
famille quelle avait été cette intention. C'est ainsi
encore que la Cour de Rouen appliqua ce système dans
les circonstances suivantes, relatées par l'arrêt du
24 juillet 1845 : Toussaint Milon, vieillard octogénaire,
mort sans enfants, n'avait conservé aucune relation
avec ses parents, sauf avec un seul « qu'il voyait très
rarement ». Dans les derniers jours de sa vie, son
neveu Georges Milon qui demeurait auprès de lui,
avait été vu, emportant des sacs d'argent. Après le
décès, les héritiers accusèrent leur cohéritier Georges
Milon de recel de la somme de 25.007 francs et assi-
gnèrent ce dernier devant le tribunal des Andelys pour
se voir déclarer déchu de sa part dans ces valeurs. Le
défendeur opposa qu'il avait bien reçu ladite somme,
mais déclara que c'était à titre de don manuel et que le
de cujus, en la lui donnant, avait stipulé que c'était
pour ses enfants qui auraient chacun huit mille francs
et lui le surplus. La Cour confirma le jugement du
tribunal des Andelys qui avait proclamé la validité du
don manuel et la dispense du rapport et sur cette dernière question, son arrêt est ainsi motivé : « Attendu
que le don manuel dont il s'agit est incontestable-
ment le résultat de l'affection que Georges Milon et

ses enfants avaient inspirée à Toussaint Milon ; que cette affection était réelle et s'expliquait naturellement par les attentions et les soins dont Georges Milon entourait son oncle ; que Toussaint Milon, au contraire, n'avait conservé aucune relation avec ses autres parents si ce n'est avec l'un d'eux qu'il ne voyait qu'à de rares intervalles ; attendu qu'un don manuel fait dans de pareilles circonstances a été évidemment, dans la pensée du donateur, fait avec dispense de rapport ».

Nous pourrions encore citer de nombreux arrêts, mais nous bornerons là nos citations, tous appliquant le même principe et s'appuyant sur les circonstances de fait.

Ce premier système a été combattu par d'excellents auteurs mais les opinions et les exigences qu'ils formulent quant à notre preuve sont assez différentes ; nous allons les passer rapidement en revue :

Deuxième système. — Nécessité d'un titre authentique. — M. Bressolles [1] s'exprime ainsi : « Le gratifié manuel étant soumis au rapport, il s'agit de savoir en quelle forme et par quels procédés le donateur pourra le soustraire à cette obligation. Pour moi, la question se pose nettement et se résout sans grande difficulté. La dispense de rapport représentant un pacte accessoire au don manuel et qui en vient modifier les suites normales, on doit, quant à la forme, la

---

[1] *Dons manuels*, n° 229.

soumettre aux mêmes conditions que si elle concernait une donation authentique. Dès lors, si, à l'égard des donations ordinaires, la clause de préciput peut résulter de toutes preuves, même non notariées, il en doit aller ainsi pour le don manuel. Que si, au contraire, un acte authentique est la seule forme qui puisse valablement exprimer le pacte de préciput, cette nécessité doit s'étendre à notre matière.

Or, de ces deux alternatives, la dernière, bien que rigoureuse, me paraît seule conforme au texte du Code et aux principes généraux. Les articles 843 et 919 du Code civil, l'un de façon implicite, l'autre formellement, ne prévoient qu'une dispense de rapport exprimée dans un acte authentique de donation. Au surplus, cette sorte de convention constituant un avantage gratuit, une libéralité spéciale faite au donataire successible, il est logique de lui imposer les exigences de l'article 931 pour les donations entre vifs.

Que conclure de là? C'est qu'à mon avis le don manuel doit être dispensé de rapport en termes exprès et par acte notarié; à défaut d'un tel acte, le don ne laisse pas d'être valable, mais le pacte de préciput, établi par des preuves insuffisantes, doit être non avenu. »

M. Laurent[1] et M. Demolombe[2] avaient, du reste, déjà soutenu cette opinion qui demande un acte authen-

[1] T. 10, n° 596.
[2] *Succ.*, t. 4, n° 355.

tique, en se basant sur les articles 843 et 919 dont le premier exige la déclaration expresse du préciput et le second, mais dans le cas spécial où la quotité disponible est donnée par acte, la dispense du rapport par acte authentique. M. Colin combat ce système et fait remarquer, à juste raison, que l'article 843 ne parle nullement d'acte authentique; quant au second, il est, comme nous venons de le dire, spécial à un cas et vouloir l'étendre. serait vouloir empêcher de donner manuellement avec dispense de rapport; et M. Colin développe ici une idée, qui, si nous ne la partageons pas, comme nous le disons plus loin, nous paraît très ingénieuse, et qui consiste à superposer les deux actes en les isolant; le premier est le don manuel, le second, la dispense de rapport qui constitue à ses yeux une nouvelle libéralité qui, celle-là, n'étant pas susceptible de tradition quant à son objet, doit être faite dans la forme prescrite par l'article 919 [1].

Troisième système. — Exigence d'une déclaration expresse. — Ce système, mixte entre celui de la jurisprudence et le second que nous venons d'expliquer, est celui que préconise, précisément, M. Colin, en s'appuyant, comme nous l'avons dit, sur les articles 843 et 919, qui exigent une déclaration expresse, déclaration que le *de cujus* aura pu faire, sous une forme écrite quelconque.

---

[1] Colin, *Dons manuels.*

Nous ne pouvons citer qu'un seul arrêt qui ait admis ce système ; il fut rendu par la Cour de Bastia, le 26 décembre 1855 et s'exprime ainsi :

« Considérant que, d'après le Code Napoléon, le principe de l'égalité des partages domine la matière des successions ; que la faculté accordée au père de famille de disposer, à titre gratuit, d'une portion déterminée de son héritage, en faveur d'un ou plusieurs de ses enfants, n'est qu'une exception à cette règle générale ; que si cette exception se justifie par de hautes considérations d'intérêt social, elle n'en doit pas moins, comme toutes les exceptions, être strictement renfermée dans les limites tracées par la loi ; que si des doutes s'élèvent sur la volonté du père de famille, ils doivent être résolus, plutôt dans le sens du principe général que dans celui de l'exception à ce principe ;

« Considérant que, suivant les articles 843 et 919 du Code Napoléon, la volonté d'affranchir du rapport la donation faite à un successible, doit être expressément manifestée par le donateur ; Considérant que, lorsque la donation directe ou indirecte, apparente ou déguisée, a été faite par un acte public, la volonté de dispenser du rapport l'objet donné et de l'imputer sur la portion disponible, si elle n'est pas littéralement exprimée, peut être déduite des termes de l'acte, interprété par les circonstances de la cause ;

« Considérant que si la libéralité consiste en un don

manuel, le juge se trouve placé, non en présence d'un contrat à interpréter, mais d'un fait pur et simple, dont il doit déterminer le caractère et la portée ; que, par suite, c'est en dehors de ce fait qu'il faudrait rechercher la preuve de l'intention du donateur, étant aujourd'hui généralement admis que le déguisement de la donation ou sa clandestinité, s'il s'agit d'un don manuel, n'impliquent pas nécessairement la dispense du rapport ;

« Considérant que, quel que soit le relâchement de la jurisprudence en cette matière, il n'a pas été jusqu'ici décidé, qu'en l'absence de tout acte, de tout écrit, constatant la volonté du donateur, le donataire peut être admis à établir, par la voie de la preuve testimoniale, la dispense du rapport, qui forme l'un des éléments constitutifs de la donation ; que, malgré les tendances de certaines doctrines, manifestement contraires à l'esprit du Code Napoléon, il est permis d'espérer qu'on ne portera jamais à ce point l'oubli des plus saines règles du droit et des prescriptions impératives des articles 843 et 919 précités. »

Sans vouloir apprécier les considérants de l'arrêt que nous venons de rapporter, nous nous contenterons de le prendre en flagrant délit d'inexactitude, puisque nous avons montré qu'une jurisprudence, antérieure à sa date et déjà nombreuse, avait admis le système qui laisse au juge l'appréciation entière du préciput ou de l'obligation de rapporter.

Ces trois systèmes roulent donc, pour les résumer, sur une interprétation des articles 843 et 919 du Code civil qui, tantôt large avec la jurisprudence qui laisse au juge la plus grande liberté, se resserre jusqu'à devenir trop stricte avec le système de M. Bressolles, qui exige, dans une matière où tout s'est fait et doit se faire sans écrit, la passation d'un acte authentique, ou qui, enfin, prend un moyen terme en admettant un tempérament aux règles des donations et impose seulement un écrit quelconque.

Nos suffrages vont au premier de ces systèmes ; on ne saurait nous accuser de partialité pour les tendances de la jurisprudence, puisque, lorsque nous avons traité de la preuve du don manuel, nous nous sommes prononcés contre elle, estimant, avec raison selon nous, que les règles de l'article 1341 n'avaient rien à voir avec notre sujet ; et cette fois encore, nous préconiserons, dans la solution de la question, la plus grande largeur de vues. Le don manuel est, ainsi que l'a dépeint d'un trait M. Bressolles, un irrégulier ; il ne saurait donc pas se plier à toutes les exigences, à toutes les minuties des règles qui enserrent les contrats prévus et régis par le Code. De même qu'on doit laisser au juge tous les moyens possibles, présomptions, preuve testimoniale ou autres, pour former sa conviction sur l'existence du don manuel, de même encore tous ces moyens doivent être à sa disposition pour apprécier la dispense de rapport dont il a pu être accompagné dans l'esprit du donateur. Et, du reste, ce système s'éloigne-t-il vraiment de celui qui est suivi pour les donations elles-mêmes? Nous ne le croyons pas. L'article 843 n'a jamais été considéré comme aussi rigoureux que M. Bressolles veut le prétendre et, sur le point de savoir si une donation est ou non dispensée du rapport, les clauses de l'acte, les circonstances qui l'ont accompagné, la nature même de la disposition doivent entrer en ligne de compte; c'est ainsi que, lorsque la donation est déguisée, la Cour de cassation n'hésite pas à laisser au juge un pouvoir souverain d'appréciation pour induire de la simulation la preuve d'une dispense de rapport.

Pourquoi donc, alors qu'il est convenu de se montrer d'esprit si large à l'égard des donations, en devrait-il être autrement pour les dons manuels? C'est donc encore un argument de plus pour faire prévaloir le premier système.

CHAPITRE IV. — **De la preuve des pactes adjoints au don manuel**.

Nous avons déjà été amenés, au cours de nos recherches, à constater que le don manuel n'affecte pas toujours la même simplicité que celle que nous lui avons supposée. Nous avons vu qu'il peut s'y mêler une question de préciput, et si nous n'avons point réservé l'étude de cette question pour le chapitre dont

nous allons traiter, c'est que nous n'avons pas voulu
considérer la clause préciputaire comme une véritable
modalité apportée par le donateur ; nous avons penché
pour le système qui tend à induire la clause du préciput des circonstances qui ont accompagné le don et
cette manière de voir est naturellement exclusive de
la nécessité d'un pacte, c'est-à-dire d'une volonté
exprimée d'une façon catégorique et certaine.

Le pacte est une modalité apportée au don manuel,
une charge dont le donateur a grevé le gratifié,
à son profit ; il s'est, par exemple, réservé un droit
d'usufruit à son profit. Nous avons donné déjà notre
opinion sur la validité de cette clause. Le donateur
a imposé certaines charges au donataire qui, si elles
ne sont pas exécutées, entraîneraient la révocation
du don ; il a apporté une condition à la validité du
don manuel, ou bien encore il a stipulé que l'objet du
don manuel ne tomberait pas dans la communauté et
qu'il resterait propre au gratifié, et ce par application
de l'article 1401 du Code civil.

L'efficacité des pactes joints aux dons manuels a
d'abord été contestée, et c'est ainsi que M. Labbé leur
refuse aucun effet, il les considère comme non écrits
et laisse ainsi au don manuel qu'ils accompagneront
toute sa validité. Il considère le don manuel comme
un mal qui, ne pouvant être empêché, doit être toléré ;
il en déduit que la possession qu'il a procurée doit
avoir tous les caractères d'une possession ordinaire,

c'est-à-dire évoquer l'idée d'une propriété entière et
s'appuyer sur l'article 931 ; par un raisonnement que
nous avons vu déjà, il rejette la possibilité de la
preuve des modalités que les pactes auraient pu apporter[1]. Cette opinion, déjà mise en échec par la jurisprudence à l'époque où elle était émise, est aujourd'hui
abandonnée. La Cour de cassation déclarait déjà formellement en 1880[2] que « rien ne s'opposait à ce que
la transmission d'un titre au porteur par don manuel
soit soumise à des charges ou à des conditions ». Un
arrêt de la Cour d'appel de Paris du 30 décembre 1881[3],
fidèle à cette jurisprudence, décidait que la transmission
d'un titre au porteur par don manuel pouvait être soumise à des conditions convenues entre les parties et
que, notamment, il pouvait être entendu que la nue-
propriété serait réservée au donateur ; il s'agissait en
l'espèce du don de titres au porteur convertis ensuite
en titres nominatifs immatriculés au nom du donataire pour la nue-propriété et à celui du donateur pour
l'usufruit.

La Cour de Paris et la Cour de cassation ont persisté dans leur système, et c'est ainsi que deux arrêts,
qui ont trait à la même affaire, des 10 décembre 1890
et 22 décembre 1891[4], ont validé la réserve d'usufruit

---

[1] Labbé, *Revue critique de législation*, 1882, t. XLVIII, p. 338.
[2] Cass., Chambre civile, 11 août 1880.
[3] Sirey, 83-2-241.
[4] D. 92-1-509.

imposée par le donateur, cette réserve n'étant pas, en droit, exclusive du dessaisissement actuel et irrévocable essentiel en matière de donation.

Les raisons principales qui ont dicté à la jurisprudence ses décisions, M. Bressolles nous les montre en peu de mots c'est d'abord cette idée, maintes fois exprimée, que le don manuel « est affranchi de toute solennité, en restant soumis aux principes généraux qui régissent les contrats, et qu'en dehors du concours des volontés et de la tradition aucune autre condition n'est exigée. C'est aussi l'idée que « qui peut le plus peut le moins » et que par conséquent le donateur qui peut disposer de la toute propriété par don manuel, peut aussi disposer par ce même moyen d'un démembrement quelconque de la propriété. Enfin, c'est encore une idée plus pratique qui tend à mettre en balance les conséquences de l'inefficacité radicale des pactes adjoints et celle de leur validité, et à peser combien les premières pourraient être graves, soit qu'elles détruisent le don manuel lui-même et qu'elles arrêtent ainsi l'aveu du donataire qui aurait tout à craindre de sa sincérité, soit qu'elles laissent subsister un don qui ne serait pas l'image exacte de la volonté des parties contractantes.

Les deux systèmes mis en présence ont été trop magistralement traités par le savant professeur M. Labbé et par M. Bressoles ensuite pour que nous osions en dire plus long sur ce sujet. Remarquons néanmoins et puisque l'étude que nous nous sommes proposée tend à chercher, sur toutes les questions, les solutions pratiques, que les tribunaux ne devront pas se montrer cependant trop accessibles à valider les pactes adjoints; ils devront s'inspirer et, hâtons-nous de le dire, ils s'inspirent, en effet, de la vertu qu'aurait le pacte s'il s'adjoignait à une donation authentique; ils examineront aussi si la modalité n'a rien qui puisse contrarier la maxime « donner et retenir ne vaut ».

La preuve des pactes adjoints soulève encore la même controverse sur la façon dont elle doit être administrée, et entre les trois opinions qui exigent l'une la preuve authentique, l'autre la preuve par simple écrit, la troisième la preuve testimoniale, nous avons choisi cette dernière comme répondant plus aux nécessités du don manuel. Qui devra supporter le fardeau de cette preuve? Sur cette question, le principe général *probatio incumbit ei qui agit* nous donne la solution immédiate : la preuve devra être administrée par celui auquel profite le pacte; le donateur s'est-il réservé l'usufruit, c'est à lui qu'incombe la charge de le prouver; le donataire bénéficie-t-il d'une clause qui déclare propre le bien donné et qui le soustrait par conséquent aux poursuites des créanciers de la communauté, c'est au donataire qu'incombera la nécessité d'en faire la preuve. Nous avons vu, du reste, qu'il en va de même pour le préciput dont la preuve incombe au gratifié.

CHAPITRE V. — **Preuve de la date dans les dons manuels**.

Il nous reste encore, pour avoir épuisé le sujet de notre trop courte étude sur la preuve dans les dons manuels, à parler de la preuve de leur date.

Nous supposons ici que l'existence du don manuel n'est pas mise en doute, mais que l'époque à laquelle le donataire prétend qu'il est intervenu est seule contestée, et cette contestation pourra avoir une utilité, pour montrer par exemple que le donataire était incapable lors de sa conclusion ou pour déterminer l'ordre des libéralités sujettes à réduction.

Le premier de ces exemples ne soulève quant à la preuve aucune question intéressante ; le demandeur qui invoque l'incapacité du donateur au moment de la donation, prétend par cela même qu'une fraude a été consommée et la preuve d'une fraude se fait par tous moyens.

Le second laisse, au contraire, tout un champ d'observations intéressantes.

Nous savons que l'article 923 du Code civil prescrit que la réduction devra se faire en commençant par les donations les plus récentes ; celles qui sont constatées par un acte authentique n'offrent aucune difficulté quant à la fixation de leur date, mais il n'en est pas de même pour les dons manuels. Et d'abord l'article 923 leur est-il applicable? La question ne fait pas de doute aussi bien en jurisprudence qu'en doctrine; c'est ainsi qu'un arrêt de la Cour de cassation du 16 juin 1857 [1] décide que la réduction de telles libéralités devra suivre l'ordre indiqué par l'article 923. Le même arrêt a résolu une autre question : lorsqu'une donation régulière a été faite pour tenir lieu d'un don manuel antérieur dont le donataire a volontairement restitué le montant au donateur, la libéralité prendra-t-elle date au jour de la donation? La Cour de cassation a admis l'affirmative et déclaré, ce que le bon sens dicte, du reste, que le don manuel devait être considéré comme non avenu. C'est ainsi que, dans l'espèce de cet arrêt, plusieurs enfants avaient reçu chacun un don manuel; tous, sauf un, l'avaient restitué pour le voir régulariser ensuite en une donation régulière; ces dons manuels ont été considérés comme inexistants et la réduction s'est opérée sur les donations régulières d'abord, comme plus récentes que le don manuel dont l'objet n'avait pas été restitué.

Après avoir résolu la première question que nous indiquions tout à l'heure, on se heurte à une seconde : « Comment établira-t-on l'ordre d'antériorité entre les libéralités ? » en d'autre termes, de quelle manière admettra-t-on l'administration de la preuve des dates des dons manuels? L'article 1328 du Code civil déclare

[1] D. 57-1-284.

que la date d'un acte sous seings privés ne fait foi à
l'égard des tiers que du jour de l'enregistrement de
cet acte ou de la mort d'un des signataires, ou enfin
du jour où l'acte a été mentionné dans un écrit public ;
cet article doit-il s'appliquer aux dons manuels ? Il faut
ici faire une distinction quant aux personnes qui
prennent part au litige suivant que ce dernier est pendant entre réservataires et donataires ou entre donataires seulement ; sur la première distinction la question a été si bien traitée par M. Colin[1] que nous ne sau-
rions mieux l'exposer qu'en citant ses propres paroles :

« Qu'on traite le réservataire comme un tiers, dit-il,
qu'on voie en lui, au contraire, le représentant du
défunt, il est également impossible de reconnaître aux
donataires qu'il poursuit le droit d'exiger qu'il com-
mence par attaquer d'autres libéralités plus anciennes,
sous prétexte qu'elles n'ont acquis date certaine
qu'après celles dont il sont eux-mêmes gratifiés. Le
considère-t-on comme un tiers, il est par là même
impossible de lui opposer une règle établie en faveur
des tiers et dont ceux-ci sont évidemment toujours
libres de repousser l'application. Voit-on toujours en
lui le représentant du *de cujus*, il faut bien alors lui
appliquer cette règle que la date des actes se détermine
entre les parties contractantes par les énonciations
qu'ils contiennent à cet égard.

La question ne naît vraiment que lorsque le réservataire demande à se prévaloir de l'article 1328 pour

[1] *Op. cit.*, p. 175 et suiv.

écarter les mentions contenues dans des actes qui n'auraient pas acquis date certaine; sa prétention ne doit pas être admise parce que le réservataire n'est jamais un tiers dans le sens de l'article 1328. La théorie des tiers et des ayants cause n'est nullement engagée dans le débat de nature à s'élever entre le réservataire et les donataires qu'il y a lieu de réduire; si le *de cujus* n'a pu faire échec à la réserve, il a pu librement donner à telle ou telle époque constatée par sa signature; dès lors, le cas de fraude excepté, et c'est à celui qui allègue une fraude de la prouver, il est difficile de voir pourquoi les dates constatées dans des actes émanés de son auteur ne seraient point opposables au réservataire ainsi qu'à tout autre héritier. »

Un arrêt de la Cour de Caen du 25 mai 1875[1] proclame ce principe et déclare « que l'article 1328, qui se trouve au titre des obligations, a pour objet le cas où un droit est prétendu par plusieurs personnes sur une même chose, et non celui où il s'agit de droits distincts sur des choses essentiellement différentes; que, dans cette dernière hypothèse, les intéressés ne sont pas seulement des tiers les uns vis-à-vis des autres, mais des étrangers qui, en l'absence de toute collusion, sont obligés de subir, selon les dates respectives des libéralités, l'application de l'article 923 ».

Mais M. Colin fait très justement observer que ce n'est que déplacer la question que prétendre que l'article 1328 est inapplicable aux donations et que la

[1] Sirey, sous 28 mai 1879, 80-2-281.

véritable raison pour laquelle on ne saurait l'appliquer dans la preuve de la date de libéralités manuelles,
c'est que le réservataire n'est jamais un tiers dans le
sens de l'article 1328. Nous avons déjà vu, du reste,
que les règles de fond qui régissent les contrats et qui,
comme celle de l'article 1328, constituent le droit
commun sont applicables d'une manière générale et
surtout en matière de preuve.

Nous ne verrons plus, du reste, cette question se
poser pratiquement, car son intérêt a cessé d'exister
depuis l'arrêt de la Cour de cassation (chambre civile)
du 11 janvier 1882 (D. 82-1-313) qui a fixé définitivement la jurisprudence sur la question de savoir qui
devrait supporter l'insolvabilité des donataires sujets à
réduction, en déclarant que cette charge incombait aux
donataires antérieurs et non au réservataire ; il résulte
donc de cette jurisprudence depuis constamment
appliquée que le débat n'aura guère lieu qu'entre
donataires ; c'est la deuxième distinction que nous
avons faite.

La Cour de Caen par son arrêt du 25 mars 1875 pré-
cité, a repoussé l'application de l'article 1328 dans ce
cas ; elle estime d'abord qu'il s'agit de droits distincts,
sur des *choses essentiellement différentes* ; nous ne
voyons pas en quoi les choses sont différentes : les
donataires prétendent à quoi ? A la quotité disponible
c'est-à-dire à une même part de la succession. La Cour
ajoute encore : « Que si l'article 1328 était applicable
aux donataires entre eux, il en résulterait que presque

toujours les réductions s'opéreraient au marc le franc, ce qui serait contraire à la fois à la lettre de l'art. 923 et à son esprit, parce que le législateur n'a voulu atteindre que les dons faits après l'épuisement de la quotité disponible. » Cette considération qui est exacte en elle-même n'a cependant que la valeur d'une considération et non pas celle d'un argument; c'est une conséquence, en effet, de l'application de l'art. 1328 que les libéralités nouvelles n'ayant date certaine qu'à la mort du donateur devraient subir la réduction au prorata de leur montant. Mais cela ne doit pas empêcher l'application de cet article; il ne s'agit plus en effet de continuateur juridique du défunt, obligé comme dans le premier cas à n'avoir pas plus de droit que le défunt lui-même et forcé en conséquence à prendre les dons manuels à la date où ils sont allégués, sans pouvoir s'attribuer la qualité de tierce personne à ces dons manuels, il s'agit au contraire de donataires étrangers les uns les autres aux dons de leurs codonataires et qui, par conséquent, ont bien cette qualité juridique de tiers qu'exige l'article 1328 et peuvent se prévaloir des dispositions de cet article.

Ainsi donc, et pour nous résumer, dans le premier cas, le réservataire, plaidant contre le donataire, ne pourra profiter des dispositions de l'article 1328. Dans le second cas, les donataires, plaidant entre eux, pourront, au contraire, invoquer ses dispositions et celui qui aura été assez habile pour donner une date certaine à sa donation triomphera des autres.

Nous terminerons en disant quelques mots d'une situation spéciale exposée par M. Labbé et résolue par lui d'après son système que nous avons exposé et qui consiste à refuser à l'héritier réservataire la protection de l'article 1328. Une succession s'ouvre et l'héritier réservataire se trouve en face d'un donataire par don manuel et d'un autre donataire par acte authentique; le don manuel est antérieur à l'acte authentique et sa date est suffisamment prouvée à l'égard de l'héritier réservataire. Ce dernier va attaquer la donation authentique, mais le bénéficiaire lui répondra que si le don manuel est prouvé à l'égard de l'héritier, il ne l'est pas vis-à-vis de lui, donataire authentique, qu'il le tient pour inexistant et veut l'obliger à former une masse du montant des biens laissés et de sa donation, et à calculer la réserve sur cette masse. M. Labbé accorde alors à l'héritier réservataire le droit de se retourner contre le donataire manuel et de demander contre lui le complément de sa réserve, en calculant alors cette fois, cette réserve sur une masse composée des biens existants, du montant de la donation manuelle et de celui de la donation authentique. Remarquons tout d'abord que cette situation ne saurait se présenter alors que, comme nous, on admet la protection de l'article 1328 pour l'héritier réservataire; mais, même en discutant le cas exposé par M. Labbé, nous avons le regret de ne pouvoir être de son avis. Il est impossible, en effet, qu'il puisse être composé pour le calcul de la réserve, une masse distincte à l'égard de chaque donataire : la masse successorale doit être une chose immuable, définitivement fixée à l'égard des tiers, et, partant, la réserve jouit des mêmes qualités. C'est, en effet, ce qu'indique d'une manière absolue l'article 922 du Code civil : « La réserve se détermine en formant une masse de tous les biens existants au décès du donateur ou testateur. On y réunit fictivement ceux dont il a été disposé par *donations entre vifs*, d'après leur état à l'époque *des donations*, et leur valeur au temps du décès du donateur. On calcule, sur tous ces biens, après en avoir déduit les dettes, quelle est, eu égard à la qualité des héritiers qu'il laisse, la quotité dont il a pu disposer. » Cet article n'établit pas de distinction entre les donations; ses termes, par deux fois répétés, sont aussi généraux que possible, et nous avons vu que, pour n'en avoir pas parlé, le Code civil n'a pas exclu les dons manuels; les mots donations entre vifs s'appliquent donc à eux ; notre article suppose enfin une seule et même masse dans laquelle rentrent toutes les donations qu'a faites le *de cujus ;* il est donc la meilleure réfutation qui puisse être faite au système que nous venons d'exposer.

———

Vu :

Le Doyen,   Le Président de la Thèse,
GLASSON.   SALEILLES.

Vu et permis d'imprimer :
Le Vice-Recteur de l'Académie de Paris,
GRÉARD.

TABLE DES MATIÈRES

Alençon. — Imp. Veuve Félix GUY et Cⁱᵉ